JN410562

그림나무 2014

그림나무 詩

강영환 외

책펴냄열린시

그림나무 2014

그림나무 시

지은이 강영환 외
펴낸이 최명자

펴낸곳 책펴냄열린시
주소 부산광역시 중구 동광길 11 203호
전화 051 464 8716
출판등록번호 제1999-000002호
출판등록일 1991년 2월 4일

인쇄일 2014년 12월 3일
발행일 2014년 12월 5일

값 12,000원

ISBN 978-89-87458-85-4 03810

국립중앙도서관 출판예정도서목록(CIP)

그림나무 시 / 지은이: 강영환 외. -- 부산 : 책펴냄열린시, 2014
p. ; cm. -- (제3시선 ; 05)

ISBN 978-89-87458-85-4 03810 : ₩12000

한국 현대시[韓國現代詩]

811.7-KDC5
895.715-DDC21 CIP2014033769

제3시선 04

2014

그림나무 詩

'그림나무'를 발간하며…

이미지즘, 일명 사상주의寫像主義는 사물의 직접적, 구체적 묘사로 명확한 이미지를 제시하려는 경향을 띤 시를 추구하는 유파를 말한다. 1910년대 영국에서 T.E 흄의 사상 및 작품의 영향을 받아 파운드 등에 의해 전개된 운동이다. 리듬의 창조, 이미지의 중시, 제재 선택의 자유 등을 부르짖었는데, 추상명사보다는 물질명사, 감각적 형용사, 부사로 수식된 명사·동사를 사용하여 시를 창작하였다.

심상을 시의 핵심적 요소로 생각하여 근대시가 사용하는 청각성에서 벗어나 현대시적 전환을 주장한 이미지즘은 현대문명의 특징이 시각적 문화에 바탕을 두고 있는데 착안하여 이미지로서의 시각성 또는 회화성을 획득해야 한다고 주장했다.

이 운동의 목표는, ①일상어의 사용, ②새로운 리듬의 창조, ③제재의 자유로운 선택, ④명확한 사상(이미지)을 줄 것, ⑤집중적 표현을 존중할 것 등이다. 그들의 신조는 보통의 구어체口語體를 사용할 것, 또 항상 정확한 말을 사용하되, 단순한 장식적인 말을 사용하지 말 것, 새로운 기분의 표현으로 새로운 리듬을 창조할 것, 제재의 선택에 절대적인 자유를 허용할 것, 이미지를 제시할 것, 즉 개개의 것을 정확하게 표현해야 하며, 막연한 개괄槪括을 해서는 안 된다는 것, 딱딱하고 명석한 시를 만들 것, 집중적인 표현을 할 것, 그들은 이 같은 입장에 서서 1914년부터 17년에 걸쳐 사화집詞華集을 내기도 했다.

흄과 파운드는 조지 왕조시대의 운문들의 무의미하고 형식적인 조사법(poetic diction, 시어법)과 형태들에 직접적으로 반발하여 각개의 이미지 표출에 있어서 완전에 가까운 정확성을 주장했다. 또한 그들은 균형있는 자유시의 개념으로 음악적인 구절의 운율과 억양을 주장했으며, 예리한 관찰력을 바탕으로 간략하면서도 본질적인 은유에 의한 단시를 그 특징으로 했다.

상징주의가 현대시에 영향을 끼치고 있을 때 미국에서 영국으로 건너와 활동하고 있던 파운드를 중심으로 침체에 빠진 영국시의 전통에 새로 활기를 불어넣기 위한 방법으로 이미지즘 운동이 일어났다. 이 운동은 1909년에 발생하여 1917년에 끝난 현대시 운동이다. 이 시기는 사회적, 역사적으로 제1차 세계대전과 경제대공황을 겪는 혼란이 있었으며, 인간의 생존이 위협되는 어려운 시기였다. 그러나 이 시기에 문화적으로는 19세기 예술에 대한 결별이 이루어졌고, 현대문학의 새로운 기틀이 형성되었다. 영국의 철학자 T.E 흄은 19세기의 낭만주의 사조를 거부하고 예리한 통찰력과 직관으로써 미술과 문학 등 문화 전반에 걸쳐 새로운 이념을 제시했다.

이미지즘은 기원을 살펴보면 고대 문학과 현대 문학에 관련된다. 고대 문학이라 함은 주로 희랍문학과 라틴문학을 말하는 것이고, 거기에 중국문학과 일본문학을 더 끼워 넣는다. 그리고 현대문학이라 함은 프랑스 현대 문학을 말하는 것이다. 모든 새로운 문학운동이라는 것이 과거의 것에 대한 반발로 일어난 것과 같이 이 운동도 19세기 영국과 미국의 시에 대한 반발로 일어난 것으로 20세기의 중요한 시 운동의 하나로 평가된다. 우리나라에서는 김기림, 김광균 등에 의해 모더니즘이라는 이름으로 소개 및 시도 되었다.

우리나라 이미지즘은 정지용으로 대표된다. 정지용은 한국 근대시사에서 1930년대를 대표하는 시인으로서 '감각적 언어'를 구사하는 시인, 이미지즘의 선구자, 모더니스트 등으로 불려왔다. 그러나 '예민한 촉수'로 불리는 정지용의 '감각'은 낭만주의와 사실주의의 극단에 빠져들었던 당대 문단의 특징상 등단 초기부터 찬탄과 비판이라는 상반된 반응을 불러일으킬 만큼 주목의 대상이 되었는데 이와 같은 표현하고자하는 바를 시각적 이미지로 제시하는 방법은 그의 타고난 감각이었다.

20세기를 지나 21세기에 든 이 시대 특징을 다양성이라 정의하는 분들이 많다. 예술 분야를 말할 때는 획일성으로부터 벗어나 개성의 시대로 접어든 것으로 말한다. 그러므로 예술에서 가장 중요시 여기는 덕목이 바로 독창성이다. 독창성은 개성과 자유정신을 바탕으로 확보할 수 있을 것이다. 얽매이지 않는 자유정신이야말로 시가 가진 최대의 보폭이라고 말할 수 있겠다. 간섭하지 않는 세계, 나만이 누릴 수 있는 독창적인 세계를 안을 수 있음이다. 그러기에 숱한 방향으로 뻗어가는 정신의 영역을 선택하지 않는다면 도저히 다다를 수 없다. 다양성의 한 방향은 예술에 있어서도 생활과 밀착되면서 많은 이들이 이를 향유하고 싶어하고 수혜자로 앉아 있기보다는 창작자로 서서 자신의 세계를 만들어 보자는 분들이 많아지게 되었다. 그것은 바람직한 일이다. 한 예술에 자신을 몰입시켜 봄으로써 예술에 대한 이해가 깊어질 수 있기 때문이다.

여기에 편승해 시 창작교실들이 우후죽순처럼 생겨났다. 그들이 제 역할을 다해 실력있는 시인들이 배출되기를 희망한다. 그러나 단순히 배우고저하는 순수한 이들을 이용해 자신의 문단 권력 확장이나 등단장사를 하는 못마땅한 일은 없어야 겠다. 자신의 작품도 온전치 못한 이들이 가르친다고 나서서 시를 왜곡하거나 그릇된 창작법을 지도해 시단을 망가뜨리고 훼손하는 일은 없어야 할 것이다. 그리고 배우고저 하는 분들도 등단시켜 준다는 달콤한 꼬임에 빠져 선뜻 등단을 한 뒤 내막을 알고서는 후회하는 분들이 나타나지 않기를 바란다. 문학은 등단이 능사가 아니다. 배우려는 분들은 먼저 좋은 시를 쓰는 법을 터득하는 것이 우선이다. 등단은 그 뒤의 문제이다. 시를 잘 쓰지 못하면서, 또는 시가 무엇인지도 모르는 상태에서 등단하였다고 시인 행세를 하는 분들을 보면 안타깝기 그지없다. 시도 아닌 시의 모양을 가진 글을 시라고 써내고 자기도취에 빠져있는 분들은 잘못된 가르침을 받은 피해자일 뿐이다. 이런 작태를 만들어 내는 것은 함량미달 시인들이 활개를 치고 있기 때문은 아닌가 조심스럽게 판단해 본다. 그들이 권위도 없는 잡지와 결탁하여 벌이는 등단 장사도 문제다. 시인이라고 해서 다 시인이 되는 것은 아니다. 좋은 시를 구분할 줄 아는 능력이 있고, 그런 좋은 시를 쓸 수 있어야 시인인 것이다. 잘못된 풍토를 만들어내고 있는 함량미달 시인들은 우선 달콤한 말로 시를 쓰고자하는 이들을 유혹한다. 그들은 스스로 잡지를 만들어 등단장사를 벌이기도 한다. 옥석을 가리는 일도 쉽지는 않다. 처음 시를 배우려는 분들은 누가 사이비인지 구분해 내는 능력이 떨어지기 때문이다. 자기를 가르치는 사람이 좋은 시를 쓰는 시인인지 그렇지 않은지를 구분하지 못한다.

영광문화예술원에서 시 창작교실을 운영하며 지도한지 만 3년이 된다. 나는 등단을 책임질 의무가 없다고 먼저 알려 주었다. 단지 좋은 시를 쓰는 법을 가르칠 뿐이다. 실력이 넘치면 자연스럽게 등단은 따라오게 마련이다. 그런데 굳이 등단을 할 필요가 있는 것일까? 이 혼탁한 문단에 이름을 걸었다 하여 무슨 좋은 일이 따라올까? 우리나라 등단제도도 문제가 있지만 시인이 되면 무슨 부귀영화가 뒤따르는 것처럼 달려

드는 것도 문제다. 시 쓰는 일은 사치품을 장만하는 일이 아니다. 그리고 번쩍거리는 훈장을 다는 일도 아니다. 언어에 대한 탐구와 인간 삶에 대한 깊이를 사유해야 하는 고통이 뒤따르는 작업이다. 시인은 풀어내기 힘든 문제를 늘 안고 살아야 한다.

많은 분들이 나와 함께 이 교실에서 함께 시예술에 대하여 탐구하고 고민해 왔고, 나는 그들과 함께 그 길을 걸어왔다. 이곳에 함께하는 이들은 혹 등단 과정을 거쳤거나 시에 대한 이해가 깊은 분들이다. 나는 그들에게 이미지 찾기를 우선으로 했다. 명료한 표현과 적확한 언어 선택에 집중하도록 훈련했다. 그들의 작품은 어쩌면 조금은 부족할 수도 있겠지만 최선을 다한 모습들이기에 아름다울 수 있다. 그들은 독창적이고 생활사적인 시편들에 장점이 있고, 또한 그들은 생활의 일부로써 내세우지 않는 세계에 대한 경외심이 아름다웠기에 엔솔로지 발간을 결심하게 된 동기가 되었다.

시를 탐구하는 이 모임을 〈그림나무〉라 칭한 것은 〈시는 언어로 그린 그림이다〉는 생각을 드러낸 것이다. 앞서 이미지즘을 길게 늘어뜨려 제시한 것도 아직 우리나라 시사에 미완으로 남아 있는 이미지즘과 모더니즘에 대한 확실한 탐구가 필요했기 때문이라고 보면 된다. 나는 '그림나무' 도반들과 함께 걸어가는 길이 행복할 것이라고 생각한다. 그 길에서 이 시대에 아름답고 의미있는 삶의 일부를 소중하게 그려내고 있음을 엿볼 수 있기를 간절히 소망한다. 그리고 지금 우리는 행복하다고 말해 본다.

2014. 11 강영환

그림나무 시

2014

□ 그림나무를 내면서 • 4
□ 목차 • 10

제 1 부 초대시

김성춘 11월 • 17/ 칼을 노래함 • 18
김태수 서울 가는 길 • 20/ 봄비 내린다고 • 22
나종영 해남집 • 23/ 월식 • 24
박춘석 집 한 채와 꽃 두 송이 • 25/ 프롤로그 • 27
최영철 강끝에서 • 29/ 벚꽃 마당 • 30
황학주 동해선 • 31/ 해변을 혼자 걸었다 • 32

제 2 부 그림나무

강영환 우편행낭 • 35/ 바람 물고기 • 37/ 빈집 물고기 • 38/ 내 얼굴 속으로 • 39/ 해탈문 • 40
시작노트/ 사랑하는 수밖에 • 41
강위서 파도걸음 • 42/ 별에게 • 43/ 섬 안의 섬 • 44/ 염전 • 45/ 작은 낙원 • 46
시작노트/ 체험과 상상을 통하여 • 47
김경숙 피아노 변주곡 • 48/ 의자에 반하다 • 49/꽃과 뱀 • 50/ 가을비 울다 • 51/ 화면의 배후 • 52
시작노트/ 나를 찾아 떠나는 여행 • 54
김경희 눈먼 발자국 • 55/ 버스 정류소 • 56/ 새벽을 밀어올리다 • 57/ 아침 • 58/ 하루를 젓다 • 59
시작노트/ 서랍 속에 간직한 풍경 • 60
김서영 사북역 • 61/ 부암3동에서 • 62/ 배 이야기 • 64/ 민달팽이 노래 • 65/ 간월암 • 66
시작노트/ 이 뭣꼬? • 67

노장현 길 위에서 • 68/ 시계 • 69/ 자연 앞에서 • 70/ 억새 • 71/ 얼굴 • 72
시작노트/ 늘 두근거리는 심정으로 • 73
도 홍 단풍나무 • 74/ 비상 • 75/ 처서 무렵 • 77/ 짙은 눈썹 • 78/ 하하하 • 79
시작노트/ 회광반조의 심정으로 • 80
박무섭 오래된 사랑 • 81/ 잃어버린 땅 • 82/ 이웃 사촌 • 83/ 돌부처 • 84/ 강아지풀 • 85
시작노트/ 시를 쓴다고 하지만 • 86
박윤자 모자 • 87/ 일터 • 88/ 플라맹고 • 89/ 길 위에 • 90/ 오어사 행 • 91
시작노트/ 사랑으로 • 92
박재곤 겨울 소나무 • 93/ 낙엽을 만나다 • 94/ 칠불암 삼존불 • 96/ 푸조나무의 아침 • 97/가난한 날의 기억 • 98
시작노트/ 황토아궁이에 군불을 지피며 • 99
박화석 눈 • 100/ 동백나무 1 • 101/ 동백나무 2 • 102/ 별빛 • 103/ 손 • 104
시작노트/ 인고의 숲을 여행하다 • 105
방옥산 소금꽃 • 106/ 철새 • 107/ 이기대에서 • 108/ 달빛 서정 • 109/ 저무는 사랑 • 110
시작노트/ 봄날 맑은 물소리로 • 111
변 송 가을장미 • 112/ 개망초 • 113/ 둥지 • 114/ 빈의자 • 115/ 청사포 • 116
시작노트/ 작은 느낌 한 점 찍어주고 • 117
성창경 꿈, 돌탑 • 118/ 사랑을 잃었다 • 119/ 노을 강 • 120/ 강물소리 • 121/ 손을 기다리다 • 122
시작노트/ 가슴 따뜻한 사람이 그립다 • 123
손삼현 초가을 달밤 • 124/ 화살나무 낙엽 • 125/ 그림 섬 • 126/ 바람 노래 • 127/ 평화로운 각황전 • 128

시작노트/ 어느덧 든 정 • 129
송경희 무지개 차를 마시며 • 130/ 가을 노래 • 131/ 거울 • 132/ 그리움 • 133/ 모자 • 134
시작노트/ 힐링하는 마음으로 • 135
신진련 강물처럼 • 136/ 발톱에 그린 별 • 137/ 밤 그림자 • 138/ 일출 • 139/ 태 • 140
시작노트/ 나의 첫사랑 • 142
유미화 밤, 청사포에 들다 • 143/ 억새풀 • 144/ 낙엽 • 145/ 낙화 • 146/ 석양 • 147
시작노트/ 내 안의 나를 향한 이야기 • 149
이남훈 사과나무 • 150/ 영도다리가 들렸다 • 151/ 이웃 남자 • 152/ 축제 풍경 • 153/ 환생 • 154
시작노트/ 몸에 빛을 채우고 • 155
이만장 부엉이의 밤 • 156/ 팽목항 • 158/ 폭포 • 160/ 간이역 • 162/ 낙동강 • 164
시작노트/ 상처를 감춘 치열한 삶이 • 166
임희자 꽃 바다 • 167/ 평화 • 168/ 사랑이었나 • 169/ 달리는 섬 • 170/ 나의 詩에게 • 171
시작노트/ 마음의 등불이 되었으면 • 172
장진구 폭풍우 • 173/ 노숙하는 별 • 174/ 질경이 • 175/ 바람 노래 • 176/ 층간 이웃 • 178
시작노트/ 등불을 밝히고 • 180
전명옥 조선종이 • 181/ 강 • 182/ 별 • 183/ 진짜를 베낀다고? • 184/ 외할머니 • 186
시작노트/ 잘 발효되지 못한 시를 • 187
정순용 낯선 곳으로 출항 • 188/ 동굴지도 • 190/ 동신디엔 • 191/ 북경의 밤 • 193/ 황산 • 194
시작노트/북경분지에서 보낸 한 해 • 196
정정순 그리움 • 197/ 소나무 • 198/ 엄마손 • 199/ 입이 없

는 낙엽 • 200/ 무의식 들여다 보기 • 201
시작노트/ 주눅 들지 마 • 202
조정이 갈맷길 • 203/ 연못 거울 • 204/ 빨래 • 205/ 산다화 • 206/ 바랭이풀 • 207
시작노트/ 철부지로 사는 생활 • 208
차달숙 일터 • 209/ 그늘의 힘 • 210/ 참새들 • 211/ 가을 전어 • 212/ 강 • 214
시작노트/ 일상의 정서가 서술되는 쉬운 시 • 215
최선희 거미집에 갇히다 • 216/ 섬이 되다 • 217/ 이화백의 악보 • 218/ 부처 길 위에 앉다 • 219/ 시누이 • 220
시작노트/ 감춰 두었던 꿈을 꺼내 • 222

그림나무 원고모집 • 223

초대작품

김성춘

김태수

나종영

박춘석

최영철

황학주

김성춘

11월 외 1 편

-잊을 수 없는 하루

만추다! 바람이 불때 마다 샛노란 은행잎이 폭포처럼 쏟아진다.

나도 쏟아진다 통일전 가는 길, 가을이면 생각나는 노란 병아리떼 소풍 가는 길 제 가슴 다 태운 은행나무 잎들, 어디로 사라지는가

아름다운 순간이 지나가는 그 순간이 별일 아닌 듯 지나간다

나는 까아만 라이방 안경을 끼고 남산을 본다 카세트의 피아졸라 탱고 음악을 크게 튼다. 피아졸라가 탱고와 정사를 벌리고 있다.

탱고가 황금빛 절정이다 바람이 불때마다 허공에서 나는 길을 잃는다

피아졸라 탱고를 듣는 것은 하나의 축복, 그렇지않은가 황홀한 샘물이여

감나무에 달린 홍시 몇 개
서러워 마시라
만추가 만추라서 아름답지 않은가
미치지 않고는 아니 미치고만 싶은 이 가을
제 가슴 다 태운 은행나무 잎새들
내 가슴에 선명하다.

칼을 노래함
-요령식 동검 遼寧式 銅劍

나는 경주 박물관 고고관에서 유리전시관 속의 그 칼을 보고 있었다.

기원전 7-8세기의 요령식 구리 칼, 그 칼도 나를 보고 있었다. 휘둥그레한 눈으로. 칼은 잔인한 노래일까. 그 칼은 악기 같았다. 나뭇잎 모양 같았다.

올챙이 모양 같았다. 악마같은 칼이 바이올린 같은 악기라니! 나는 문득 칼의 장인을 보고 싶었다.

나무 숲 길 아래 수염 텁수룩한 한 사내, 동검의 모서리를 갈고 또 갈고 있다

시퍼런 칼의 모서리가 거느리는 서늘한 침묵의 저 그늘, 고독 속에서 태어나는 단호한 삶의 전율, 완강한 시간의 풍경을 만드는 고독한 저 칼의 숨결,

-살아야 한다 지금 바람이 불어 오지 않은가
노래하는 저 칼, 그 고독의 침묵이, 새파랗다.

유리관 속 고독한 눈빛의 저 사내
나는 칼을 노래한다
나의 삶 나의 칼
결국
어떤 칼도
내가 닿지 못하는 절망의 한 뿌리이다.

김성춘/ 부산생. 74년 '심상'제1회 신인상 등단. 시집: 물소리 천사외 10권. 시선집:나는 가끔 빨간 입술이고 싶다. 제1회울산문학상. 경상남도 문화상, 제2회월간문학동리상. 바움문학상, 최계락문학상, 한국가톨릭문학상 수상. 현)계간지 '동리목월' 주간

kimsungchoon@hanmail.net

김태수

서울 가는 길 외 1 편

한 때 잘 나가던 급행열차
무궁화호에 몸 싣고 서울 간다
늙은 가장家長 힘 부치듯 제 식솔들 끌고 간다
걷다 힘 빠져 주저앉은 노인네들처럼
충청도 천안역에 퍼더버리고 앉았다
더 빠른 북행 열차 휙휙 스쳐 지나갈 때마다
차창에 비친 승객들 일그러진 얼굴들
그 풍경 속에 나도 있다

삐걱거려 너무나 아득했던 이 길
무임승차였다 대전발 영시 오십 분 야간열차
승무원 눈 피해 의자 밑으로 숨어들던
부끄럼마저 지워져 더욱 뻐저린 방황의 흔적
서울 변두리 어디 몸 뉠 집 있었던가
통행금지 사이렌에 갇혀 울던
푸르딩딩 피멍든 젊음 어디 나 뿐이랴
그런 기억들 싫다 체하는 잘난 놈들의 면상面像은
더욱 싫다 열차는 이미 오산역 지나고

높은 빌딩 뒤에 감추어진 낡은 마을들
헛되다 어서 이곳 떠나야겠다던
아비는 한 끼를 위하여 새벽인력시장으로 간다

해 설핏하면 꿀맛이던 한 잔 막걸리도
전설이다 그들이 바삐 돌아 가야할 처소에는
보나마나 식솔들
식은 방바닥, 낡은 담요로 몸 감고 있을 것
쉬어야 할 밤마저 사람을 지치게 하던
올망졸망 토끼집으로 늘어선 산기슭 주택들
내 작은고모님 살던 신림동
저 만치 비껴 영등포역도 지난다

장밋빛 재개발의 공권력이
사그리 밀어붙인 용산역 지난다 아직도
철거민들의 망대望臺는 불길이다 불붙은 채 뚝뚝
돌바닥 위로 떨어지던 철거민들의 기억 따윈 물 건너갔다
자비하신 임금님께서는 그들을 망루에서 내 팽개친
무자비한 그 군관軍官 나리를
어디 국영기업 사장으로 봉하였다한다
부질없음이다 서울역이다

오호라, 노회老獪한 남도의 시인이여
잘난 시인들 모두 이곳에 있음을
그래서 희망의 도시 서울인가 역설이다
내 두 딸 모두 서울에 있다

봄비 내린다고

봄비 내린다고 봄 아니다
찰랑대지 마라 삼월 되었다고 봄 아니다
춘삼월에 얼어 죽는다는 옛 말 있듯이
섣불리 핀 어린 꽃 수시로 뚝뚝 꺾는
저기 저 숨어있는 날 선 발톱들!
여태껏 속아 온 이 계절의
친구야, 꽃샘추위 있음을 벌써 잊었니?

김태수/ 1949년 경북 성주 출생, 1978년 시집 『북소리』(詩人社)로 등단, 시집 『황토마당의 집』(실천문학의 시집-145, 2003), 시인론 『기억의 노래 경험의 시』 등 7권의 저서가 있음. sorikkk@hanmail.net

나종영

해남집 외 1 편

그 집
바람이 햇살이
맑고 깨끗한 집

사람들이 왔다가 고요한 마음으로
고개 숙이고 가는 집
마당이 하늘이 그윽한 집

비어있으나
마음 가득 충만한 집
감나무 아래 남주형이 살았던

그 집
겨울 마늘밭 푸르던
해남집

월식月蝕

한로 날 보름달이 떴다

달빛을 어금니로 한 입 크게 베어 물었더니
입안에서 석류향이 난다

달의 피눈물이 온 몸에 번지나 보다
누군가 부음訃音에 삼경이 지나갔다.

나종영/ 광주출생. 1981년 창작과비평사 13인신작시집 「우리들의 그리움은」으로 작품활동 시작. 시집으로 『끝끝내 너는』(창작과비평사),『나는 상처를 했네』(실천문학사) 등 「시와 경제」,「5월시」 동인으로 활동.
najoy1@hanmail.net

박춘석

집 한 채와 꽃 두 송이 외 1 편

오늘의 겨울에서 내일의 겨울로만 집이 이동했다
집 옆 공터에 사람들이 접근하여 제 집을 표현하려고 했다
“이곳은 빈터가 아닙니다
 나의 집이 표현할 날을 기다리고 있습니다
 곧 내 아이들이 집의 바깥 모습을 나타낼 겁니다”
나는 공손한 말씀으로 타인의 접근을 막아섰다

본질에서 본질로만 옮겨온 집, 현상이 없는 집은 호명될 이름이 없는 것과 같았다
집의 문제점은 너무 이상적인 것에 있었다

꿈만 꾸는가
집은 화분으로서 실격인가
집이여 현상을 낳으라

햇살이 원의 둘레를 회전했다
봄이 감정의 높낮이를 없앴다
시계방향으로 집이 흘렀다
아이가 학교 선생님이 되어 집의 현상을 나타냈다
아이가 대기업에 취직을 하여 집의 조형물을 나타냈다
햇살효과였다
집이 감정 체온 조절로 꽃 두 송이를 피웠다
햇살의 회전방식으로 집과 아이들에게 평등한 현상, 다

양한 스토리가 주어졌다

가시적인 공간에 집을 세운 아이들
가시적인 평원에 아이들을 나타나게 한 집
집은 큐비즘 방식으로 아이들 모습을 다양하게 보여 주고 있다

프롤로그

먼저 태어나 살고 있는 사람이 있으니
이름을 짓지 말고 깊은 산속 풀꽃으로나 살라고 했다
어차피 나는 이름이 늦게 자라 가인假人 같은 사람이니
빈이름을 먼저 지어놓고 채워 가면 되었다

외딴 산 속 풀과 꽃과 이야기 하는 아이로 이름의 기초를 만들었다
사람을 만나지 못해 순한 풀꽃 같은 아이와
그 옆에 절반은 들짐승 같은 아이로 이름의 축대를 쌓아 올렸다
이름을 짓다보니 한 사람이 들어가 살 집의 모양 같기도 하고
경계 밖으로 나가서는 안 되는 위리안치 같기도 했다
아침 풀 이슬과 안개를 머금은 서늘한 사물들을 이름의 앞쪽 재료로 썼다
다행히 위리안치 안에는 여러 종류의 과일과
자잘한, 이름을 다 불러줄 수 없는 풀꽃들과
가끔 산길에서 눈이 마주치는
들짐승이 뛰어노는 큰 정원이 있어
거대한 허기로 사물을 삼키고 흡입하는 아귀의 눈 한 쪽과
반대편에 풍부함으로 가득 채워진
자재로운 눈 한 쪽을 얻어 창문을 달았다

이름을 키워갈수록 다중성을 띄었지만
크게는 두 개의 방향으로 구분되었다
시공의 경계가 없는 무한자유 한 쪽과
사신이 엄명을 들고 와서 읽어주지 않아도
유배 중임을 알 수 있는 쪽이었다
자연히 나는 이름을 키운 성분이므로
두 곳을 왕래하며 살고 있다

박춘석/ 2002년 《시안》 등단. 시집 『나는 누구십니까?』 2013년 〈요산창작기금〉 수혜
babypoet3@hanmail.net

최영철

강끝에서 외 1 편

아래로 파고 들며
살자고 살아보자고
너 자꾸
발버둥치고 있는 거지
네 발버둥에 떠밀려
강물은 저리 바삐
종종걸음치고 있는 거지
저리 바삐
제 몸통 쓰러뜨리고 있는 거지
헝클어진 어깨
무작정 무등 타고
숨넘어가는 소리
내지르고 있는 거지

벚꽃 마당

환장할 것들이 자꾸 꽃가루로 날렸다

하늘에서 뿌린 흰 점들을 모아

늙은 나무들이 지린 굵은 비듬

사부작사부작

대지의 가슴께로 내려앉았다

최영철/ 1986년 한국일보 신춘문예 시 당선. 시집『금정산을 보냈다』『찔러본다』『호루라기』『그림자 호수』『일광욕하는 가구』외, 육필시선집 『엉겅퀴』, 산문집 『변방의 즐거움』외. 백석문학상, 최계락문학상, 이형기문학상 수상. cyc5244@hanmail.net.

황학주

동해선 외 1 편

따라갈 수 있게 귀에 속삭이며
이사할 수 있게 눈을 닦아가며

벚꽃들은 떨어지면서 서로 번지는지도 모르지만
괴로움이 허우적대지 않고 반짝이는 바다에 찍히듯이

한 선로에서 함께 뛰었으니 생몰이 같은 표를 샀다
옆에 핀 꽃에게 도리를 다할 필요 없이 떨어질 수 있다

길게 구부러진 꽃가지 두 줄
절벽을 지나다말고 선로는
구불구불 등을 말고 비스듬히 누워 음악이 되는 중이다

목숨이 긴 꽃의 탁본이 눈앞에서 날아간다

해변을 혼자 걸었다

물이 빠진 넓은 해변을 닫을 시간

갯고랑의 끝에서부터 저녁이 마른다

그쯤에 절뚝거리는 사내가 매달려 온다

해변을 토하는 갯지렁이처럼

토해놓고 다물어지지 않는 대합처럼

황학주/ 1954년 광주 출생. 1987년 시집 『사람』으로 작품 활동 시작. 그 밖의 시집 『내가 드디어 하나님보다』 『갈 수 없는 쓸쓸함』 『늦게 가는 것으로 길을 삼는다』 『너무나 얇은 생의 담요』 『루시』 『저녁의 연인들』 『노랑꼬리 연』 『某月某日의 별자리』 『사랑할 때와 죽을 때』가 있다. hakjooh@daum.net

회원 작품

강영환 강위서
김경숙 김경희
김서영 노장현
도 홍 박무섭
박윤자 박재곤
박화석 방옥산
변 송 성창경
손삼현 송경희
신진련 유미화
이남훈 이만장
임희자 장진구
전명옥 정순용
정정순 조정이
차달숙 최선희

강영환

우편행낭 외 4 편

길곡 우체국 자동문 앞
이슬이 채 마르지 않은 아침나절에
우편차를 기다리는 행낭이 앉아 있다
가야할 먼 길이 고이 접혀서
가슴 터지게 불렀나보다
바닥에서부터 쌓아 올린 편지가
목에까지 차올라 할 말을 잊고
길을 찾아 나섰나보다

나는 누구에게 긴 편지를 쓸까
성문산 고라니에게 묻는 안부는
어떤 단어로 시작해야 할지 모르고
들녘을 가는 낙동강 굽이에게
무슨 위로를 던져야 좋을지 모른다
그렇게 망설이는 사이 노을은
구름을 품고 목마른 언덕을 넘어 갔다

서리 아래 누운 시든 풀잎이
띄워 보낸 편지도 읽지 못하고
행낭 속 가장 낮은 바닥에 엎드린
첫 말이 걸어 나와 어깨 두드릴 때까지
허리 구부리고 서있는 농부에게

땀 맺힌 이마 닦아주는
시원한 말 한 마디를 찾지 못해
우체통 앞을 서성거리고 있지는 않았을까

바람 물고기

눈볼대 꼬리지느러미 미소에 빠져
파도 속을 헤엄쳐 따라갔다
밑도 없는 깊이와 끝 모를 물길
아침저녁 부는 바람은
어디로 회오리쳐 갈 지 누구도 모른다
어디에서 불쑥 다가설지도 모른다

어느 곳을 막아 세울 수 있겠는가
온 몸으로 바람을 맞이하고
온 몸으로 물결을 토해 낸다

빠져 들수록 거세지는 바람과
가누기 힘든 몸에 젖어 드는 물결
더 먼 동굴 끝 물맛을 탐한다
바람 가는 곳으로 따라가야지
입 다문 눈 깊이에 침몰할지라도

빈집 물고기

은빛 비늘을 세운 가을 전어가
빈 방에 갇힌 채 출구를 찾고 있다
바닥 먼지를 닦아내고
물을 가득 채워 넣은 뒤
맺혔던 가슴을 풀어 넣었다
헤엄칠 준비를 마친 물고기는
가을 남은 불꽃을 마저 태워야 한다
빈집 연기 속으로 떠나야 한다
혼미한 영혼을 놓아두고
더 먼 언덕을 넘어서
오아시스를 향해 가는 낙타처럼
사막을 건너는 가슴에
뜨거운 물을 채워야 한다
은빛 비늘을 벗어야 한다

내 얼굴 속으로

눈썹 위에 지리 주능을 걸어놓고
남해 물결 끝에 발가락을 심었다
출렁이는 벌판이 가슴이다
강 구비치는 줄기가 핏줄이다
콧잔등에 맺힌 땀이 먼저 숲을 간다
누구도 따라들지 않는 원시림에서
눈 부릅뜬 어둠과 맞선다
뽑아야할 것인가 망설이던 방죽 길
잡풀더미에 갇혀 꽃도 못 보고
앙다문 입술 사이로 혼자서
무너져 내리는 어금니만 수리한다
입술 벗어나지 못한 말에 갇혀
이명 속에 벌레를 키운다

해탈문

부산행 KTX 객실 자동문 앞에서
손잡이를 젖히고 밖에 나선 스님이
나선 뒤에도 문을 못 떠나고 있다

손잡이를 돌리며 닫으려 애쓰지만
한번 열려진 문은 반응하지 않았다

해탈을 팽개치고 떠난 뒤에야 문은
스스로를 닫고 열어주길 기다렸다

시작노트

사랑하는 수밖에

내 삶은 저지르면서 여기까지 왔다. 그리고 앞으로도 무엇인가를 저지를 것이다. 어차피 돌아가지 못할 지나온 길을 후회한들 무슨 소용이 되랴. 어울리면서 살고, 사랑하며 어울리는 가운데 행복은 절로 찾아 오는 것이 아니겠는가.

요즘은 시에 어떤 의미를 담는 다는 것이 무의미해 졌다. 특히 세월호 뒷처리에 대한 정치가들이나 집권자들이 벌이는 행패에 속수무책으로 당해야 하는 나약한 민권을 생각할 때 시인으로써 보태야 할 것이 전혀 없다는 사실에 절망할 수밖에 없다. 이 시대를 증언해야겠다는 패기마저도 꺾어놓아버리는 무지막지한 대리권력의 횡포에 그리고 저항마저 포기한 젊은 청춘들에게 아무 것도 기대할 수 없다는 사실이 서글퍼진다. 불의가 정의를 짓밟아 놓고 역사를 되돌리려하는 패륜 행각에 시간을 기다려야하는 심정마저 참담할 따름이다.

답답한 가슴을 열고 펴내는 시가 독자들에게 또 무슨 위안이 될 수 있겠는가. 오직 사랑하는 수밖에

강영환/ 경남 산청 생. 1977년 동아일보 신춘문예로 등단. 시집으로 『집산 푸른 잿빛』 외 다수. 부산작가상, 이주홍문학상, 부산시문화상 수상. ebond@hanmail.net

강위서

파도 걸음 외 4 편

밤 잠 설친 해무를 밀치고
불덩이 하나 건져 올린 바다
수평선에 새벽을 열고
대륙을 향하여 토해내는 절규
방파제를 넘는다

갯비나리로 새벽마다 두 손 붉은
귀밑머리 탈색된 화장기 없는
해녀였던 뱃사람 지어미 얼굴
하늬바람에 헝클어진 머리채 외면하는
바다가 스스로 쌓은 푸른 종소리
내 안마당에 하얗게 쌓이는 파도다

달빛이 부딪혀 낮아진 지층에 흘러든
소금기 머금은 짙푸른 해초
사이로 헤엄치는 지느러미 멀리
재갈매기 눈에 점으로 떠있는 작은 섬
그 번지를 찾아가는 파도가
엇비뚜름한 걸음이다

별에게

어깨 무거운 저물 무렵
맨발로 강을 건너온 바람이
혼자 앉아 있는 건넌 방
심심해하는 벽에 못을 박고
노을그림 액자를 걸었다

붉게 물 든 액자에서
별들이 성깃성깃 돋아나는 밤
먼 우주에서 눈 뜬 별들이
어느 틈에 차지한 푸른 집이다

어둠의 속내는
말라가는 산 그림자도 숨겨 주고
하늘에 정박한 미리내를
지상에 출렁이게 한다

둥근 달이 두루마리를 펼치는 창 밖
숨은 별들의 뒤태는 은빛이다
아침 벽에서도 반짝일까 별이
나를 알아 봐 줄까

섬 안의 섬

남해 물결 끝에 스스로 멀어진 고래등
밤마다 욕지도는
초도, 우도, 연화도 쪽으로
길게 누운 검은 융단을 기웃 거린다

갯바위로 밀고 가는 해풍이 길을 닦은
동항리 민박집 잇몸뿐인 최씨 할머니
매생이국에 사는 짙푸른 파도

여섯 무날 일곱 물때도 멍텅구리 배 한척
선착장에 기대어 눈만 검뻑이는
까맣게 잠들지 못하는 섬

생떼거리로 뱀새 바다를 퍼 올리면
수면아래 뿌리가 붉을까
가도 가도 멈춰 서지 못하는 남도
적조 그 아픈 피흘림

염전

스스로 녹인 뼈를 몸에 품고
짙 푸러진 바다
신안군 상태동리
밀물로 걸어 오면 뭇뭇이 가둔
난감한 지평 땡볕에 누워
목부터 타 들어가는 바다의 뼈
넉가래질에 부숴지고 골수까지 다준 뒤
별소금이 되었다
물결을 건너온 푸른 해조음
닿지 못하는 키 낮은 움막 한 칸
파도소리 알아 듣고
바다로 되돌아가는 붉은 꿈
집적거리는 바람
뒤넘스러운 속내 검은 색이다
저 바람보다 잦바듬한
탄광 갱도 같은 내 그림자
소금밭에 한 사나흘 말리면
맑아질까 겨우,

*뒤넘스럽다~어리석은 것이 주제넘다.

작은 낙원

길 고양이 밟고 가는 길섶
손길과는 인연이 닿지 않아
눈 밝은 바람에 업혀 떨구어진
난감한 뿌리를 내렸다
별을 이고 나서는 만삭인 여인
분홍 치마에 스쳐 펄럭이고
발끝으로 우주 기운을 모운다

갓 자란 손가락 마디마다 맺힌 물방울
안으로 삼키며 흙에서
숱한 미로를 돌아 줄기를 세우고
햇살을 향해 팔을 뻗는 풀은
한해살이 한 해를 지나가고
두해살이 두해를 살다 간다

푸른 이웃이 가까이 있음도 축복이다
키 낮은 사람들이 투덜거린 불어 터진 날도
울 없는 생명과 살 부비며
오무작거리는 야생의 질긴 근육
그렇구나
풀숲에 풀만 푸른게 아니고
작은 낙원이 출렁이고 있는 것을

시작노트

체험과 상상을 통하여

돌문같이 무거운 시의 문을 여는 일이 그리 수월하지 않음을 깨닫았을때는 저물녘이었다.

가슴에 웅크리고 있는 시심을 되살려 내어야 되겠다는 다짐이 옥죄어 올수록 숨이 깊었던 달빛 모서리에서 노루잠을 밀치고 시 같은 시 한편 제대로 쓰지 못한 채 모순속에 푸른 날을 반거충이로 소진한 것을 가슴앓이하며 붓방아만 돌렸다.

내 몫으로 주어진 한 자드락 글밭에서 땀 흘리며 씨앗과 잎새의 구별, 농기구의 성능 등을 체험과 상상을 통하여 부드럽게 운용할 줄을 알아야 되겠다고 다짐하며 허리를 굽히니 언틀번틀 하고 가파르기까지 하였다.

시는 체험과 비유적 상징의 프리즘을 통과시켜 글 그림으로 구체화시켜야 되겠다는 믿음과 시는 쓰기(書)보다 짓기(作)이므로 지은 글을 퇴고를 거듭하여 메이컵하는 겸손과 삶의 경험을 함축시킨 글이 되도록 힘쓸 일이다.

내 눈에서 오래도록 출렁이는 남해 물결 그 깊은 해조음도 …

강위서/ 경남 고성출생. 본명 강위석 새부산시인협회 회원. kws3661@daum.net

김경숙

피아노 변주곡 외 4 편

거실 한 귀퉁이에 버티고 앉아
종편 채널만 돌려대다 정물이 된 남자
검고 마른 입술에는
먹다 만 트로트가 눌어붙어 있다

먼지를 둘러쓰고 빈둥거리는 게
구겨진 악보 같다 싶다가도
얼마나 긴 적적일까 싶어
등이라도 긁어줄까 다가가면
부러진 팔분음표들이 튕겨 나와
심장을 더듬다가 떨어져 나간다

단내 나는 리듬으로 눈 맞추고
샤프나 플랫으로 애무하며
낮과 밤 근접거리 1호로
오선지에 다장조를 조율해준 남자

귀뚜라미 댓돌 아래 울거나 말거나
빈 가지 눈꽃 피거나 지거나
서로 연주하는 일은 없지만
살가운 화음 꿈꾸며 함께 잠든다

의자에 반하다

의자는 갈비뼈에 언어를 수태했다
원고마감이라는 강박증에 손이 저려
한 줄도 쓰지 못하고
뜬눈으로 한 철을 탕진한 후였다

밥 대신 블랙커피를 마시며
짓무른 엉덩이를 받아들일 때마다 말없이
허리춤을 부여안고
불면 속 체위를 바꾸어 애무해주었다

자판 두드리는 소리로 주석을 달다가도
돋보기 더듬어 사전에 밑줄 긋고
조사 하나를 썼다 지우며
숱한 밤을 함께 지새운 남자

고백컨대 어떤 사내의 포옹보다
뜨겁고 깊고 길게
부드럽고 달콤했다
의자는 앉은 채로 시를 낳았다

꽃과 뱀

능소화 꽃잎 속에
몸뚱이 접어 묻어도 좋겠다

휴대폰에 저장된 이름 하나 지워도
사라지지 않는 표정으로 남아
번번이 발등을 찍어대는 페르몬 눈물
메시지가 울릴 때마다
달려가 목마른 폴더를 열어봐도
저린 손발만 오그라들었다

중독되어 발신되는 문자는 침몰하였고
침묵을 삼킨 심장마저 마비되어
눈먼 상처를 두드렸다
발바닥 뎃난 길에 능소화 핀다

당신, 꽃 아니어도
죽어 뱀 되면 좋겠다
몸속에 방 하나 들이고 싶다

가을비 울다

폭우가 차선을 가로막아
차들도 멈춰선 고속도로에서
통곡하는 가을비를 만났다

반 발짝 떼다 주저앉고
한 발짝 뒤로 흔들리며
부서지는 바람을 움켜쥐고
중앙분리대에 머리를 찧으며
가슴을 쳐대는 눈물을 보았다

갓길에서 바라보다
종일 견뎌내던
단풍나무가 울컥 핏물을 토해낸다

발등 붉게 물든 이파리
사랑하는 이를 떠나왔나 보다

화면의 배후

맹골수도가 균형을 잃자 정규방송이 꺼졌다
'현재 위치에서 절대 이동하지 마시고 대기해 주시기 바랍니다'
눈과 입이 죄다 팽목항으로 쏠렸다

착한 구명복을 입고 앉아 있다가
아무 조치 없이 뒤집힌 선창 밑바닥에서
생떼 같은 아이들 비명이 클로즈업된다

바다로 뛰어내려라, 소리쳐 봐도 배는 쓰러질 뿐
한 목숨도 건져내지 못하는 패널들이
밤낮 네 탓으로 채널을 고정한다

시신이나 건져내려는 죽은 정부를 믿었던
아빠가 어두운 파도 속으로 뛰어들고
거푸 피를 토하다 실신한
엄마들 가슴을 사이렌이 싣고 갔다

선원들이나 구조 당국은 어디서 무엇을 하는가
뒤집힌 선수 뿌리마저 수면에서 사라지고
정지된 화면에 피눈물이 한사리로 차올랐다

우리 나라 기둥 무너지지 말라고
저린 손으로 노란 리본 접고 접어
가슴을 쳐대며 잠들지 못하는 시청자

손톱이 빠지고 발가락이 부러진
대한민국의 미래가
이승 밖으로 인양되고 있을 뿐

끝내 기적은 방송되지 못했다

시작노트

나를 찾아 떠나는 여행

내 몸에는 무수한 길이 흐르고 있다.

핏줄을 따라 구불구불 가고 있는 길들 중에서 으뜸은 눈시울 가장자리에 있는 오솔길이다. 그 길은 숲이 우거져 사철 물소리가 환하고 그늘이 울창한 곳이다. 눈을 감고도 찾아갈 수 있는 문턱이 닳은 순한 길이다. 돌다리를 건너 언덕을 오르면 발아래 두 줄기 폭포가 살고 있는 벼랑이 있다.

틈만 나면 오솔길로 간다. 그 곳은 일조량보다 강수량이 더 많은 곳이라서 길은 대부분 축축하다. 그래서 걷다보면 발바닥은 늘 젖기 마련인데 발끝에서 가슴으로 전해오는 습기는 서서히 눈시울에 닿는다. 흔한 뻐꾸기 소리에도 매번 콧등이 시큰해지는 것도 그 때문이다. 해서 유혈목이가 똬리를 틀고 있는 꽃그늘도 서늘하게 젖는 것이다. 그렇기 때문에 그루터기에 앉아 잉태하는 시도 젖어 있기 마련이다. 살아간다는 것은 길을 걷는 것이다.

길 위에서 인연을 만나 사랑을 하고 또 이별을 하며 녹록치 않는 여행을 하는 것이다. 내 몸속에는 아직 가보지 못한 길이 수두룩하다. 끈적끈적하게 눅눅하지만 따스한 체온으로 흐르고 있는 길을 마저 걸으며 울음을 들키고 싶지 않은 나를 찾아 손을 맞잡을 것이다.

김경숙/ 강원도 화천출생 서울서 자람. 2007년《월간문학》등단. 〈한국바다문학상〉 수상. 시집『소리들이 건너다』『이별 없는 길을 묻다』『먼 바다 가까운 산울림』『얼룩을 읽다』산문집『우리시대의 나그네』외 공저 다수. kindlysook@hanmail.net

김경희

눈 먼 발자국 외 4 편

책상 밑에 얼굴들이 잠들고 있다
바뀐 숫자에 적응하지 못한 가슴은
전화번호를 기억하지 못한다
문밖에 나서지 못한 발은 젖어있고
마른 상자에 이마를 묻었다
손에서 가슴으로 스며들 말이
에스컬레이터 위에서 맴돌다 입술을 지운다

벌판에서 계단을 올랐다
물 아래로 내려다보면
햇살 품은 저녁이 발갛게 보인다
다시 새벽으로 가는 길
눈 먼 발자국에 이슬을 달았다
쉼 없이 굴러 간다
발끝에 햇살이 잠을 깬다
책상 밑에 눈들이 깨어있다

버스 정류소

꽃이 지는 저녁에 꽃피는 아침을
내려서야하는 정거장을 버렸다
눈은 바다 물결 위에 두고 몸은 지하실로 내려갔다
움직이지 않는 발을 재촉하듯 뿌리를 끌어내린다
돌아가는 길이 흔들려서 발바닥이 젖었다

꽃잎이 이마에 내려앉았다
날마다 넓은 들판으로 외출하지만
신발은 발자국을 남기지 않는다
봄은 내 씨앗 속에 맴돌고 있다

그러나
빠르게 걸어 나갈 것이다
차고 비워지고 다시 차오르는
뜨겁게 뛰는 심장을 기다리면서

새벽을 밀어 올리다

들여다볼수록 눈빛이 저려오는
낯익은 하늘이 등 뒤에 숨어 있다

깊은 수면에서 낯선 목소리가
새벽을 두드린다
꿈길에서 헤어 나오지 못한 젖은 눈
연기 한 자락 피워 올리며 허공을 맞이한다
열어둔 창문 사이로 찬바람이 어깨를 감싼다
이슬로 빚은 커피에 혀를 맡기고
발바닥을 신발에 채운다

별빛을 등 뒤로 하고
열리는 문을 향해 손을 뻗었다
샛별
금성은 내 앞에 펼쳐지는 길을 밝혀 줄 것이다

아침

아침이 손끝에서 천 번이나 열렸다
붉은 석류가 하얀 바다를 걷고 있다
눈에는 핏빛이 들고 한 줄로 쓰여진
잊혀져간 수평선
허물을 벗고 창가로 와 흔들린다

구부러진 눈으로 밤이면
제 안에 유폐시켰던 풍경 환하게 꺼내들고
낯선 언어로 줄지어든 별 하나에
심장이 가서 꽃이 되었다
소슬바람에 은행잎이 떨어진 자리에
그림이 손끝을 물들이고 있다

하루를 젖다

새벽을 문 밖에 걸어두고
길을 나선다. 남자는
한나절이 지나 젖은 몸을
집안에 들인다
비와 땀에 엉겨있던 푸른 혈기
비닐봉지 안에 실려 온 붓끝 닮은 얼굴이다

허리를 구부리고 헝클어진 하루를 벗고
구멍 뚫린 근육으로 먹빛 물무늬를 토해낸다
땡볕에 그을려 얼룩진 어깨는
금속 가루에 새겨진 견고한 문신이다

습관적으로 담배를 입에 물고
리모컨으로 TV를 켠다
눈은 소리를 잠재우고
빗물에 스며든 갈비뼈는
방바닥을 탁본한다

시작노트

서랍 속에 간직한 풍경

아침을 열어주니 어둠이다.
평행선을 달리는 기찻길이다.
조심스레 한발 내딛는 몸의 표정들,
내게 소리가 되고 눈빛이 되고 울음이 되었다.
서랍 속에 간직한 풍경을 그려내면서 또다른 아침을 웃음으로 읽어내고 싶다.

김경희/ 부산 출생.
kyeong8430@hanmail.net

김서영

사북역 외 4 편

뒤 남김없이 소멸하는
폐광촌 가로등
플랫폼을
떠나는 마지막 기차

어둠에 빠진 선로
텅 빈 여인의 눈빛
불씨 흔적조차 지워버린 폐광은
검은 입 열고 있는 뒷모습

이미 와 있는 끝
검은 눈물 너머
광대 옷 입고 선 너

단 한 사람의 관객
박수소리에 놀라
막이 급하게 내리면
끝내지 못한 연기는
이제 시작이다

부암3동에서

등 굽은 샛골목과
낮은 지붕사이 숨바꼭질하던 바람
돌계단 아래 달려와
가쁜 숨 토해 낸다

나이든 어둠이
가로등 눈빛에 의지해
힘겹게 일어선다

주름진 중절모
제 무게 덜어 주려다
바닥으로 나뒹굴고

수줍어진 달빛이
금가고 색 바랜 슬레이트지붕
낮은 담 아래
엷은 그림자 숨긴다

가을 볕살에게
내보인 얼굴이 부끄러워
마음 안까지 붉어진 사과 한 알
부암3동 동남슈퍼

어슷한 불빛 속에
뜨거워진 볼 식히고 앉았다

배 이야기

여름 다녀간 바닷가
멍자국 선명한 어선 한 척
할 일 다 마친 듯
고래불백사장에 혼자 앉았다

나이테 선명하던 선체
해풍에 짙어지는 구릿빛 근육
온 몸 불을 켜
밤바다를 환하게 비춘다

슬쩍 눈 흘기는
굽어간 해안선과 이별하고
조류의 눈웃음에 몸을 실어
귀신고래 뛰노는 바다에서
파도와 함께 춤도 추었지

낮게 날던 갈매기 한 마리
심장소리 멈춘
배 후미에 앉아 귀 기울이면
시간의 틈 사이로
햇살이 수줍음도 없이 재잘거린다

민달팽이 노래

어제 내린 비
떠나지 못하고 방황하다
우는 오후

뒤집힌 우산 서로
씌워주는 우산이끼 보며

지나가던 생이가래*가
집은 어디에 두고 오느냐는 물음에

하늘 거울 불러다가
아무리 들여다보아도
집이 보이지 않는다

움츠린 모습으로
낯선 얼굴 하나
안테나 높여 노래 부른다

*생이가래-물위에 떠다니는 부유성식물

간월암

지나온 발자국
갈매기가 물고 간 뒤
돌아 가야 할 시간
머뭇거리자
시침 떼고 앉은 간월도

혹여 기다리다 지쳐
재촉하고 있을지 몰라
혼자 맘이 바쁜 밀물

빠르게 달리는 심장소리보다
게으르지 않게
우체통 앞에서 숨을 고르고

서두르다 데려온 일몰
썰물과 밀물사이
바다에 내려놓으면

마당으로 내려온 달빛이
낡은 법당 문 앞
미소로 기웃 거린다

시작노트

이 뭣꼬?

"이뭣꼬?" 선승이 제자에게 화두 던지듯이
함께 길위에 사는 이유를 묻는 바람의 노래가
제게 "시"입니다.

감사합니다.

김서영/ 1966년 진주 출생. 부산 중앙여실고 졸업. maya662003@naver.com

노장현

길 위에서 외 4 편

지친 여정을 메우고
분노에 찬 구름이
산허리를 휘어 감는다
폭포수는 차창을 흔들고
파도의 선율을 탄다

숲은 빈틈 없이 산을 채우고
장대한 적송은 기둥을 세워
하늘을 떠받든다

눈곱 매달린 벼꽃은
가을 곡간을 꿈꾸고
길섶 나이테 겹겹 쌓인
벚나무는 열병식 한다

하조대 육모정에 올라
비릿한 갯 냄새
코끝을 시원케 한다

큰 바위에 뿌리를 내린 낙락장송은
수십 년 풍상 구름 속에
홀로 서 있다.

시계

책상 위 괘종시계
물처럼 그칠 줄 모르는데
시간은 잠을 잔다

맞물린 톱니에 끼어
쉼 없이 돌아가고
떠나간 자취 흰구름 되면

고개 넘는 발자국 소리는
바람을 부르는데
돌아오지 못하는 당신

조각배 흔들리는 몸을
물결에 잠 재우고
외기러기 날개짓에
저녁노을 잠든다

자연 앞에서

뒷산마루에 아카시아 꽃
내 그리던 백작설처럼
꿀 향은 바람을 타고 와
창가에 백옥가루를 쌓는다

흰 구름 기러기 되어 나르고
돌아온 잎새들이 물결치는데
내일이면 녹색의 정원이 되리

나무는 침묵으로 이상을 높이고
성숙한 호수는 물안개 되어
순수한 춤으로 피어오른다

산은 살아 숨 쉬는데
솔새들은 날개치며 우짓는다

억새

삼락공원에서
눈 마중 나온 억새
가을빛 이마에 적시고
나란히 배꼽 동무되어
나와 발걸음을 잰다

억새 된 바람이
귓불을 어루만지고
환한 표정이 무리를 불러
사진첩을 남긴다

솔새는 잎에 매달렸고
흰빛에 물든 빗자루는
달빛 젖은 가슴 설어 가는데
눈물이 역광을 머금는다

얼굴

깊은 하늘에 떠가는 구름
높은 봉우리 감싸안고
뜰 앞 국화꽃 향기에 정물되어
산자락 그늘에 웃음 실었다

언제나 반가운 미소로
펼쳐진 하얀 꽃잎들
흐르는 물가에 잠자는 가슴
은은하게 속삭이는 얼굴

뿌리 깊은 꽃잎 위에
손님은 찾아와
은근히 감춰둔 눈물로
속살을 적신다

가슴에 반짝이는 별이 되어
발자국에 고동치는 파도소리
뜨겁게 손 잡아주는
미소 진 얼굴에 사랑을 묻었다

시작노트

늘 두근거리는 심정으로

구골목서 가지 위에 하얀 눈발이 내렸다.

가까이 다가가 자세히 살펴보니 눈이 아니라 꽃이었다. 한 해의 끝무렵에서야 느지막히 꽃 피우는 나무, 사람도 그와 닮은 것 같다.

꽃샘 추위가 막 시작할 무렵에 시작한 시공부가 벌써 한 해가 되어 간다. 늘 두근거리는 심정으로 졸작을 쓰고 다시 수정해 가는 즐거움은 이른 바 공자의 삼락보다 더할 지도 모른다.

시민공원 팽나무는 이제 붉고 누렇게 물들었고 국화도 서리에 맞서 노란빛을 탐스럽게 발하고 있다. 늦으면 어떠리, 나 역시 황혼빛 노을을 사랑하며 영원한 시심에 젖어 들고 싶다.

노장현/ 《에세이문예》로 수필 등단. 효원수필문예, 부산수필문예, 부산문인협회 회원.

도 홍

단풍나무 외 4 편

늦 시월 억새밭 굽은 길
홀로선 나무가 단청을 넣고 있다
애기걸음으로 두어 발짝씩
아님 아예 촘촘한 문양으로

밝고 맑은 붉은색
짙고 노란 잎 속 엷은 밤색
깊은 자주 빛으로 떨어져
만다라가 되는 채색

마주하지 못한 아침햇살과
폐부를 적시는 장마 비
침이 날카로운 한 낮의 햇살
숨죽여 끌어들이고

달마 방문 앞에
팔을 바친 혜가의 구도심같이
낙화를 춤추게 하는 빛
비워내고 떨구어 내면

빈터에 맞이하는 충만한 우주
나지막하게 안으면 씨알이 된다

비상飛翔

날카로운 날개로
물속으로만 날아가는 전갱이와
바람을 머금은 날개에
육중한 몸매로
땅을 못 떠나는 타조와
도포자락 하얀 버선발로
무대 위에서 외발 학춤이
날지 못하고 주저앉는 것은
모두 몸이 젖은 이유다

비상하려는 자신의 날개가
젖어있는 줄을 모른다
더욱 날아오르고자 하는
자신의 몸뚱이와 얼이
속 깊이 젖어있음이다

높은 파도에 깎여진 비린날개와
비바람에 부러진 날렵한 깃과
무대를 벗어나 날줄 모르는
춤사위 모두 눈에 든
상처로 아프다

동트는 아침 끓어오르는 햇살과
작열하는 한 낮의 그을린 열정
깃털 안 깊은 폐부 속으로 품고
옅은 물기 마르면 땅을 박차 올라
검은 하늘 구름 위 더 멀리
지금까지 못 보던 설산너머
고요가 될 때까지

처서 무렵

담장 밖 미루나무 둥치
매미는 떠나는 시간을 운다
그러다 귀속에 점점 다가오면
흔들리다 가만히도 혼란스럽다

살 태워 각질 벗겨내던 허물 속
투명하던 젊은 날 어디가고
내 몸속 매미울음 커져만 간다

따가운 여름햇살 머무는 창을 열고
끝없이 흔들리는 댓바람소리 바라보면
그나마 등이 휜 걸음도 자주 비틀거린다

이명이 나기 전이던 푸른 물소리
언제나 한발 앞서 그림자가 있고
땀으로 멱을 감던 삽질은 폭이 넓었다

여름, 저토록 혼신을 다해 지나가는데
빨갛게 농익어 얼음 박힌 오늘
이제 다시 시작하는 지금 여기에…

짙은 눈썹

님을 기다립니다
난이 있는 창가에서
아침햇살 걸러놓고
햇 우전을 우려냅니다
행여 미소 짓고 오실는지
한잔은 내 잔이요
또 한잔은 님의 잔
두 잔을 다 마셔도
채워지지 않는 숨결
비워지지 않는 향기
님을 기다립니다

하하하

바늘 없는 낚시를 들고

강태공을 낚았다

바람 가던 그 시절엔

강물 맑아 산 품었고

금정산 지금 달밤은

그때와 다를 건가

눈 없는 하늘바다에

이 밤 나는 별을 낚네

시작노트

회광반조의 심정으로

우리네 삶은 어디로부터 와서 어디로 가는 것일까? 이런 통속적인 물음이 은행잎이 낙화하는 계절에는 철학으로 다가온다. 수행하는 납자衲子가 무슨 시詩를 쓰냐고 하면 할 말이 없다. 시 작업은 예술의 다양한 장르 중 한 분야이지만 특히 모든 삶을 함축하고 있는 종합예술이며, 구도求道의 자세로 삶을 승화시켜 정진하는 것이 닮아있다.

처음 시를 접하게 된 것은 정말 우연이었다. 전혀 시의 세계를 모르던 여린 행자시절 산사에서 비온 뒤의 휘영청 밝은 달밤 실타래같이 엉켜있던 지난 삶의 의미를 새기고 있던 그날 밤, 어디선가 솔솔솔 한줄기 바람같이 시가 머릿속을 맴돌아 눈앞에 툭툭 떨어진다. 얼른 메모지를 가져와 그 밤 달빛에 뭔지도 모른 채 낙서로 휘갈겼다. 그 첫 시가 하하하이다.

수행의 목적이 실천에 있음이기에 그 방편方便으로, 어깨 넘어 시를 맞보고서 몇 자 끄적여 동참한다는 것이 많이도 부끄럽다. 회광반조回光返照의 심정으로 내 자신에게 질문을 한다. 삶은 던져졌지만 가꾸는 것은 자신의 몫이다. 그 속에 시가 존재한다고 본다. 존재하는 모든 것들에게 가식 없는 진솔한 눈으로, 사랑으로 대하는 수행자의 시각視角과 시인의 눈이 같은 방향으로 향해 있음으로.

소납小衲 또한 정진精進에 정진을 경주하면서…

도 홍/ 시인, 승려. 동국대학교 불교학과 졸업. 부산불교 문인협회 이사. 부산 괴정동 정원사 주지

박무섭

오래된 사랑 외 4 편

목조 교실 이층
유리창 햇살이 엿보고 있다
두 갈래 머릿결이 반지르르하다
연약한 줄기에 매달린
연두빛 이파리가 상큼하다
꽃봉오리 설익은 향기가
책상 몇 줄 건너 얄개 앞에 쏟아진다
주황빛 장미가 가슴 속에서 절뚝거리는데
풋사과 뺨에 빨간 멍이 들더라도
한 번 쯤 내기를 걸어 보고 싶다

일기장 겹겹이 날리는 먼지를 털고
창 밖에 어른거리는 그림자를 보았다
이슬 품은 백합 한 송이가
마른 나무 열매 한 알 굴러간 것이지만
은빛 부시는 귀밑머리에
골이 패인 하얀 이마가 안타까웠다
동구 밖 당산나무 그늘에서
잠깐, 졸음에 겨웠는데
서산마루가 붉게 물들었다

잃어버린 땅
—평화

김포 들녘 한강 둑에
무쇠 장벽이 눈을 부릅뜨고 있다
사람들은 철벽이라 하지만
실향민들은 원수怨讐라고 한다
누구라도 건드리기만 하면
고슴도치가 되어 가시를 세운다
건너편에서 손짓하는 어머님을 지척에 두고
저, 원수가 가로 막아 오갈 수가 없다

다박머리 위에 우레를 이고
파란 구름을 찾아 남촌에 왔다
아직도 새살 돋지 못한 덧난 상처가
가슴 속에서 꿈틀거리고 있는데
그림자를 드리우는 자오가
떼를 이루어 칼날되어 지나간다
잠들지 못한 별들이 서성이는 물결에
하염없는 사연들을 난기류에 실어 보낸다

베일을 쓴 여인은 신비한 역사만 남긴다
무거운 굉음일랑 한강물에 띄워 보내고
철벽를 허물어 오작교를 만든다
멍든 가슴을 열고 햇살 비추는 창을 내어
비둘기 나래를 펼쳐본다

이웃사촌

한적한 내동마을 어귀
아름드리 당산나무 그늘에
낮술이 거나한 두 노인이
장기판을 사이에 두고 입씨름이다

장군 받아라
멍군 받았다
장기판 소리에 평상 밑에서
졸고 있던 삽살이가 화닥닥 달아난다

한 수만 물리자
무르지 마라
더 이상 낯붉힐 일 없이
한평생 이웃하여
무르지 못하는 날들을 살아왔다

해거름에 당산나무 그늘이
훈수 한 수 놓고 돌아간다

돌부처

경주 남산 삼릉길에
머리없는 돌부처가 앉아 있다
얼굴이 없으니 웃고 있는지 울고 있는지
알 수가 없다

어쩌다, 머리를 잃어 버렸는지
살갗에는 온통 검버섯이 피었지만
근엄한 모습으로 중생을 설법한다

삼복더위에도
눈보라치는 추위에도
서리와 이슬을 받으면서
사라진 얼굴을 씻어본다

강아지풀

벽돌 높은 담벼락 정수리에
이삭 줄기를 서너 개 단 강아지풀이
산들 바람에 꼬리를 흔들며
가을 햇살에 몸을 말리고 있다

팔 척도 넘는 담장을
어떻게 뛰어 올라 싹을 틔웠을까
마실 물 한 모금 없지만
새벽 이슬방울이 반겨주었다

떠나온 진흙 길섶에서
더부살이에 쓴맛 씹어가며
밤마다 붉은 울음소리에
끓어오르는 피를 잠재우고
하늘정원에 오른다

시작노트

시를 쓴다고 하지만

내가 원한 길이었지만 문학이란 너무도 생소한 동네로 이사를 와서 허둥대는 와중에 詩를 쓰겠다고 하는 몰골이 가관이었습니다.

이왕지사 시작한 길이기에 열심히 해보겠다고 마음을 다짐하지만, 워낙 메마른 땅이라 싹 띄우기조차 쉽지 않습니다. 조금씩 조금씩 정진하여 이제 겨우 노란 눈이 보일까 말까 합니다. 새벽바람이 차지만 물도주고 시비하여 남은 시간 알뜰히 저울질하여 미진한 재주를 닦아볼까 합니다.

이제 겨우 걸음마를 배우는 철부지 아이를 채찍하며 가르치고 다독거려 문밖으로 내 보내려는 강영환 선생님께 감사의 말씀을 드립니다.

2014. 감나무에 까치밥 하나 보이네.

박무섭/ 울산시 울주군 출생. 한국방송통신대학교 국어국문과 졸업. 전 해양수산부 정년퇴임. 〈길〉 동인회 회원.
pms440918@hanmail.net

박윤자

모자 외 4 편

52층 아파트가 쓴 모자
비행음에 몸 떨리지만
구름이 찾아와 다독여 준다
금정산 케이블카와 눈 맞추는 사이
까마득한 길 내려다 보며
드나드는 차량 번호판에 혼이 빠진다
닫힌 창문 흔들림에 귀 세우고
틈새로 지나는 바람소리에
휘파람을 분다
길고양이 발등에 다녀간 뒤
행여 차에 치일까 마음 졸인다
벚꽃잎 흩날려 빠져나간 마당에는
키 작은 이팝나무 새 밥을 짓고
장미향이 날아와 알러지를 부른다
적요 찾아든 밤
적, 청, 황 불빛으로 눈을 뜨고
빛나는 모자를 하늘에 건다

일터

비로소 자신의 시간에 몰두하게 된 때에도
정장 차림으로 다시 가방을 들었다
갈 데가 있어서 다행이라며
마주 보고 웃었다

금산사가 보이는 장안면 오리
손주처럼 가꾼 목과 푸르르고
텃밭에 채소들까지
손가방에 가득 담겨온다

돌아서면 돌아오는 풀포기와 숨박꼭질하고
꿈을 엮 듯 어린 묘목을 빈터에 심었다
밤새 몰래 다녀간 고라니 발자국
풀잎 그늘사이 스멀거리는 화사
땡볕에 물 주기도 쉽지 않다

가끔 지인이라도 온다는 소식에
발자국이 더 바삐 돌아다녔다
엄나무 줄기 잘라 백숙을 찌고
담갔던 매실주 햇빛 보는 날이다
두고온 제자들 푸른 눈빛 그립지만
촌부의 농사일에 날 가는줄 모른다

플라맹고

비 내리는 세비야의 밤 평원
활화산이 깨운다
거침없는 허리 용트림은
사하라를 담금질하고
맨 몸으로 퍼올린 오아시스의 두레박
숨조차 멈춘 무리를 차갑게 달군다
애절한 기타줄에 별빛이 돋고
무대를 치는 구두굽에 강물이 깨어난다
모가지가 긴 집시들
버리고 온 땅을 그리는 삼색깃발
무희는 입에 문 흑장미로
어둑한 극장 구석까지 어루만지고
포도주 한 모금에 젖는
이국의 밤하늘이여

길 위에

해 저무는 보도 위에 맨발 내민다
까마귀도 잘 곳을 찾아 떠난 이 저녁
그 곳에 그대 있다하기에 길 나선다
아직 외투깃도 못내린 손은 주머니에 숨었다
스마트폰으로 누군가와 통화하는 길손
오른손에 케익상자가 들려있다
축하할 마음 있어 참 좋겠다
나도 밝은 노래를 부르고 싶다

손안에서 모래알로 빠져나간 편린들
독화살로 날아와 가슴에 박힌다
아무도 돌아 봐 주지 않는 내 저물녘
발뒤꿈치를 무섭게 깨문다

길 건너 내 창엔 불이 꺼진 채
켜켜이 쟁여진 앨범들이 봐달라고 아우성이다
지키지 못한 온갖 욕심들을 내려 놓아야겠지
어디에도 오래 머물지 못한 성질머리 참아준 벗들

맑은 기억 속에서 멀어지는 발자국에 갈 길을 잃었다
되돌아 가기에는 많이도 왔다
먼저 길 떠난 그이는 얼마나 앞서 가겠나
성내지 마라 따라 가고 있단다

오어사 행

봄 날은 짧고 가고 싶은 곳은 많다
목련꽃 가로수 길을 돌 때에
토함산은 봄빛을 내게 빼앗겼다

발자국마다 꽃이 지천이다
일시에 피어 한꺼번에 낙화하려나
미워할 수조차 없는 안타까움이여

도도한 향불은 계곡 허리를 휘감아 돌고
오어지에 머리 푼 수양버들은
연초록 그리움만 눈에 남긴다

일행들과 여전히 거리를 두고
출렁다리에 몸 기댄 채
처연한 진달래꽃 물 그림자에
연분홍 멀미만 해 댄다

아쉬운 앙금 풀 길 없어
다시 길 떠나 보지만
물은 어디로 흐르는지
갈 곳을 못 찾겠다

시작노트

사랑으로

모자/4층 창 너머 보이는 금정산과 마주한 아스타아파트 아침, 점심, 저녁이 시시각각 다른 모습으로 내 눈에 들어와 온종일 보고 있어도 지루하지 않습니다.

스마트폰으로 찍은 구름 낀 장면, 해맑은 하늘, 저녁놀에 둘러싸인 모습, 밤에 별이 빛을 내듯 빛깔이 바뀌는 히말라야시다에 반쯤 가려진 풍경은 너무 사랑스러워요.

일터/남편은 퇴직한 다음날 실감이 안나는지 출근 가방을 들고 금강공원 케이블카를 탔고 보리밥도 맛있게 먹었다. 주말농장처럼 가꾸던 밭이 직장이 된 때에도 즐거운 발걸음을 옮기며 정성을 쏟았다.

플라맹고/2012년 4월에 스페인, 포르투갈, 모로코를 여행했습니다. 느림의 미학을 실천하는 그곳에 오래 머물고 싶어서 조바심 났습니다. 다시 찾고 싶습니다. 여유가 되면.

길 위에/돌아오지 않는 길을 떠난 남편의 발자국을 찾아 나섰지만 내가 따라가기에는 너무나 성실한 삶을 산 자취를 그대로 답습하기는 감당이 안되고 그만 멈춰버리고 말았습니다.

박윤자/ 부산출생.
bakyunja@daum.net

박재곤

겨울 소나무 외 4 편

귀 시린 날 말없이
사립문 내다보는 소나무는
빈 뜰을 지키는 어머니다
치렁하던 머리칼 한 올 뽑아낸 자리
솔새가 파먹다 남긴
빈 솔방울이 잠들어 있다
소한 아침 영하14도
후식 후 커피 마실 무렵에야
어머니 안부가 궁금하다

헐벗은 몸으로 감당하는 칼날추위
벗은 발에 버선이라도 신겨 줄 것을
눈밭에 찍히는 동동걸음의 신음
하얀 입김 허리에 두르고
싸락눈은 발등위에 떨어진다

길 떠난 상수리나무들이
아궁이에 불꽃으로 되살아날 무렵
저녁 굶은 그믐달을 품에 안고
형형한 눈빛으로 넘어 온
겨울산 중턱에 허리 휜 어머니.

낙엽을 만나다

용담을 찾아 백양산에 오르다
바람고개 턱밑에서 떡갈나무 낙엽을 만났다
힘줄 솟구치며 물을 긷던 푸른 얼굴들이
두레박을 놓고
산기슭에서 노숙을 하는 동안
바람을 피해 등을 맞대고
체온을 나누어 가진다

오소리굴 이부자리가 되거나
계곡물을 건너가는 나룻배가 되거나
이유 있는 나들이를 떠나야할 구절초
길동무를 기다리며 심호흡을 한다

바닥도 알 수 없는 곳으로
하강하기를 주저하는 나뭇잎 위에서
고추잠자리 붉은 장삼을 펄럭이며
승무를 펼친다 그냥 받아들이라고

길을 떠나는 것이 낙엽뿐이겠는가
골짜기 청수도 흰 웃음만 남긴 채
벌판으로 하산하고
도토리 입에 문 다람쥐도

목도리를 여미고 숨어 간다

이제 나를 버려야 할 시간
되돌아오기 위해 떠나는 잎을 위해
나무 아래 한참을 서 있다
떡갈나무가 된 몸을 흔들었다.

칠불암 삼존불

길들이 하나로 모여
봉화골 오르막을 오른다
무릎을 꺾어 길을 터주는
시누대도 반은 부처다
칠불암 삼존불 발밑에서
공양미 얻어먹는 동고비를 본다

천 년 동안 호통 한 번 않고
웃고 계신 아미타여래불
서출지書出池 묵은 연蓮이
맨발로 올라와
부처님 발아래 엎드렸다

어깨에 걸린 길을 내려놓아
가벼워진 몸
겨울에 피어난 연꽃을
눈으로 찍느라
사진기를 잠시 놓았다.

푸조나무의 아침

박새가 길어온 한 모금 물로
정수리에 앉은 먼지를 씻고
설렘으로 만나는 아침
온기 사라진 저잣거리에
수영만 물결소리 들었다

나이 들수록 가슴은 부풀고
세월을 눙쳐 만든 사리
넓은 어깨에 걸쳤다

벗은 몸 위를 바람이 할퀴어도
두 팔 가득 겨울을 끌어안고
하늘로 올려 보내는 미소가 따스하다

창망한 물굽이 너머
대마 섬이 손짓해 와도
뜬눈으로 지켜본 또 하나의 옹이
다시 자라는 뼈를
나이테에 깊이 묻었다

注) 푸조나무: 느릅나무과에 속하는 우리 토종나무. 부산 수영동 사적공원에 있는 푸조나무는 천연기념물 제 311호로 나이는 500살인 당산목이다

가난한 날의 기억

달빛이 놀다간 텃밭에
꽃양귀비 새벽을 적신다
상추 대신 꽃이라니
지청구 소리 흘려 듣고
꽃이 부르는 노래를 듣는다
다 말해줄게
쑥이 꽃양귀비 된 사연을

쑥떡이 맛있다는 사람들을
한 번 더 쳐다본다
동굴 속에 주저앉은 유년의 쑥은
문질러도 지워지지 않는 풀빛 문신
밥 대신 먹다가 물려 버렸다
쑥 털털이도 못 먹는 날에 찔레순
허기질 땐 뱃속이 아렸다

낮은 자리에서 기댈 곳 없는 언덕을
숨차게 오르자
끝 모르는 날개 짓이 가난인 걸 알았다
누룽지에 부지깽이 나물이면
뱃속까지 불던 실어증도 사라졌다
쑥만 뜯던 작은 짐승 발밑에서
쑥 대신 웃고 있는 양귀비

시작노트

황토아궁이에 군불을 지피며

호구지책으로 진흙탕에 뒹굴며 구투를 벌리면서도 청록집은 항상 주머니에 있었다.

순식간에 30년이 흐르고 절벽 끝에 아슬아슬 걸려있는 육신을 추슬러 지천명의 나이에 고향으로 향했다. 낙락장송이 우거진 동산아래 조그만 집을 짓고 붓을 잡았다. 문자향 서권기에 묻혀 사는 삶, 어줍잖은 글을 수십 번 쓰고 고치는 순간이 가장 즐거운 것을 보면 시인이셨던 증조할아버지의 DNA가 조금은 남아있는 모양이다. 시를 쓴다는 것은 고통을 수반하는 지난한 작업임을 조금씩 깨닫는다. 황토아궁이에 군불을 지피며 지천으로 피어있는 들국화를 바라본다. 멀리 비슬산에 하얗게 무서리가 내릴 무렵 나는 이랑을 다듬고 꽃양귀비와 수레국화 씨앗을 뿌린다. 주위에 차고 넘치는 사소한 것들의 집합이 청복일지니 무엇을 더 얻고 무엇을 더 바랄 것인가!

10월 그믐 청도 비슬산방에서

박재곤/ 경북 청도 출생. 경북고, 경북대 상대 졸업. 부산진구청 시부문 최우수상. 국제 차어울림 문화제 차시 은상.
benifpak@hanmail.net

박화석

눈 외 4 편

거울 안에서 보고 있는 그대
눈 속에서 구토가 출렁거린다

달빛으로 울타리 치고
새털구름 이불로 덮어
안개 덮인 눈 이승을 노려본다

하늘을 바라보기가 온통
황사 가운데 걸어가는구나

발아래는 잿더미투성이
하얀 눈에 깨어진 접시는
덧없는 깃발을 내리고 있다

동백나무 1

봄볕 어느 결에 언 땅 녹는 소리
동녘 장산 중턱에 머무적거리다
잦은 줄기 솜털 노루귀에 속아
두셋 핀 송이를 먼저 비켰을 쯤
맞닿은 입 다문 자세로
무거운 동백나무 곁에 서본다

속 깊은 피 울음 가슴마다 들끓고
온 통 물들인 옷섶에 길을 열고
푸른 하늘에 얼굴을 묻어 본다

뒤바람에 멍든 하얀 산기슭
붉고 긴 동백꽃 송이 피워
돌아 온 구름 파란 하늘 아래
핏빛 흔적 발자국 따라 걸으며
다시 옷섶 여미고 눈물 손 내밀어
깔고 앉은 덮개 자리 갈아 치운다

동백나무 2

산자락 밭둑을 지나 양지 끝머리
동백나무가 어깨 견주며 서있는 곳
골짜기는 갈라져 떠나고
살을 에는 삼동을 지나
속 없이 떨어져 내리는 통꽃은
떼지어 지르는 소리
눈물 없는 슬픔을 그린다

떨어져도 생뚱맞게 요란한 자태
꽃잎 터뜨리던 그 모진 속내는
어느 가지에 남겨 두고
발톱 숨긴 자국만 피맺혀
붉은 맥박 뿌릴 재간은 어디 없을까

담 아래 풍경을 치고
한 눈에 불사르며
슬픈 길손 위에 뿌리 내려
터져 나오는 분출
동백섬 물결에 날려 보낸다

별빛

멋 없이 걸출한 편백나무 밑동 아래
쪼그린 키 얕은 소나무
하늘에 박힌 별 찾아 입맞춤 한다

밤하늘 줄을 긋듯
아랫쪽으로 내리 쏟는 장마빛
별빛은 소리 질러 벌판 속 딛고 서서
굽어진 꼭지 넓은 빈터 상한 자리 향한다

설찬 마음 달래며 눈 감은 채
물그러진 아린 가슴 용솟음 벼르며
쏟아지는 별자리 따라 나선다

햇살 따스한 언덕에 앉아
구겨진 쪽지글 펴
속 사무치는 깊은 눈빛
발길 붙잡고 따라 나선다

못 이룬 그림 이야기
수채화로 속마음 누비고
짙은 소원 토해 밤하늘에 뿌려 본다

손

어깨에 온 통증이
손을 어둠 속에 가두었다

밥을 먹는 일도
손을 빌려 해결한다

그대 내민 손
잡을 수가 없고
흔들리는 버스 손잡이 쳐다만 본다

두 손 모아 올리는 묵주기도
남의 손들이 늘어져 떠나지 못하도록
조인 가슴을 움켜쥔다

빌려 쓴 숱한 손들에게
수고의 대가를 지불하고
아픈 웃음으로 손을 보낸다

시작노트

인고의 숲을 여행하다

늦은 후반기 녹슨 길을 시에 노력을 쏟아야겠다. '로망롤랑'은 내가 신이라면 인생의 말년을 초라한 노년으로 남겨 두지 않고 젊은 날로 만들겠다. 나에게도 마지막 도전이 남아있다. 초라한 노년을 바꾸는 것 내게는 매우 귀중한 시간이다.

생각해 보니 향기 가득한 흰쌀밥 한 덩이 같다는 아카시아꽃 따먹던 시가 떠오른다. 이 시에는 가난의 기억이 배어 있다. 이제 따뜻한 바람이 무척이나 반가워 성큼 다가가 시작의 매력에 푹 빠지련다.

시작업은 한 인간 정서의 표현이고 알맞은 기능과 논리적 성향, 짙고 강한 언어들을 품고 새 순이 트일 때까지 반복되는 일. 늘 기도하는 마음으로 자신에게는 서리처럼 엄하게 다스려야할 생활 속 가장 중시해야할 부분이다. 이것이 곧 인고의 숲 여행인 것이다.

모쪼록 결실하는 그날까지 눈시울 붉도록 서럽고 애달픈 가슴 헤치며 화풀이 하듯 노년 예찬에 뻗어나가는 무초의 겸손을 지표로 삼을 것이다.

박화석/ 경북 예천 출생. 동아대학교 졸업. 계명대학교 대학원 수료. 『문학예술』 시 등단. bhs9202@naver.com

방옥산

소금꽃 외 4 편

어린 눈시울로 오는 누이여
하루살이 울음에 저무는 밤
그대 시린 꽃무릎 절룩이며
출항하는 뱃전에서 하얀 포말 토한다
별빛 여무는 낟알마다
하얀 속살이 어리고
노을은 수평선에서 춤사위를 벌인다
작은 누이 발틀 밟는
목이 마른 달빛에
땀방울 뿌려 산마루 다 젖는다
잎은 찢겨져 몸부림하는 사이
그대는 목 쉰 하늘 끝에 돋는다
허물어진 채 살벌한 빈 터
천둥비는 키 큰 가난으로 쏟아지고
거친 손길마다 젊은 아픔이 묻어나면
그대 능선을 물들이던 핏자국이
새하얗게 바랜 얼굴로 목을 내민다
발길 휘청거려 하염없는 누이여

철새

철새는 날아가는 방향을 물고
부딪힘 없는 날개로
돌아오는 저 푸른 자유
하늘 가득 그린 포물선 따라
서늘한 눈빛이 멀리 흐른다

목마른 능선 너머 열린 길
소금꽃 핀 두 날개로
하늘 끝에 가 닿은 처음의 자유처럼
하얀 발자국으로 겨울을 건넌다

날개 갇힌 무거운 철조망이
막아 선 길에
유년의 몸 벗어놓고
우사천 고향 물길 꽃잎 띄워
부유浮游하는 깃털처럼 날아간다

이기대에서

새벽이 바다를 절개한다
양수로 붉게 물든 수평에 탯줄 묶고
노란 시간이 숨비로 해벽을 부수면
천만 이랑이 한 뿌리로 솟는다
멀리 바다 빗금 사이로 잿빛 노을이 지고
괭이갈매기 나래에 담은 섬들이
해안 유람선 뱃전에 조각구름 띄운다
해무를 입은 고운 얼굴이 봉래산 품에 안기면
햇살 삼킨 등대가 돌아와 심지 세운
먹물 위에 끝없이 찍힌 발자국 지운다
너울 빛 쏟아내는 별무리
은빛 비린내 뒤척이는 물 때 목에
낚시 드리워
푸른 섬 아픔을 낚는다

달빛 서정

고즈넉한 귀뚜라미 울음
켜켜이 쌓인 적막을 적신다
구슬픈 기억을 내뱉는 푸념이
깊은 어둠을 더욱 짙게 물들인다
늦가을 별살에
까맣게 타버린 음정이
반주를 놓쳐버린 뼈아픈
목청이 되어 흩어진다
이제 메마른 목소리는
끊임없는 중모리로 휘어지고
유년의 그 푸르던 선율이
하아프 선처럼 늘어져 애잔하다
이슥한 밤
구슬픈 가락으로 듣는 갈망은
자정의 별빛 허물고
흐려지는 되돌이표로 우짖는 떠돌이
내 딛는 발걸음을 무겁게 한다
별무리가 다소곳이 옷깃 여미는 동안
상현달은 홀로 수심을 걷고
환하게 웃고 있다

저무는 사랑

빈 들판에
기러기 울음 애틋하면
노을은 서산 머리에
분홍빛 치맛자락을 펼친다
어둠이 자라는 골짜기를 지나
벌판을 헤매는 거미 한 마리
언덕을 돌아 나가는 햇살을 받아
낮아지는 강물의 수위를 기다린다
떠도는 마른 잎새의 물무늬에는
뽀오얀 달빛이 앉아
눈부신 황금색 실타래를 풀어낸다
가문비나무 나이테가 허옇게 금이 가면
빛바랜 돛배에 앉은 흰 새들
멍든 하늘 한 켠에
뭉게구름으로 흩어진다
그늘진 수풀에 별빛 저물면
하루치의 긴 그림자가
고요한 물결을 일으키며 밀려 든다

시작노트

봄날 맑은 물소리로

교직에 몸 둔 40여년 학생들과 함께한 열정의 눈빛이 훗날 소중한 체험으로 가슴에 와 닿았다.

또 낯 선 제 3의 인생길에 꿈을 펴고, 세상의 넓이와 길이로 나에게 용기와 변화를 주면서도 늦깎이의 걸음은 무겁기만 하였다.

아직 살아 있음이 고맙고, 그 고마운 경험들을 다듬고 제작하여 나를 밝히고 세상에 나누어 주고 싶다. 쓰면 쓸수록 어렵고 두려워지는 시가, 미천한 나의 꿈이 꺾임 없이 맑은 봄날 맑은 물소리로 가슴에 오면 좋겠다.

방옥산/ 함북 명천 출생.《문학시대》등단.《문예운동》수필 등단. 한국문인협회 회원, 부산문인협회 이사, 부산시인협회 이사, 시사랑 문화회 회장. 시집『사랑으로 오는 은혜』.『소금꽃 둥지』, 산문집『나의 뜨락에 남기고 간 세월』외 공저 다수.

변 송

가을 장미 외 4 편

북구청 들어설 자리에
화명 장미마을이 꽃을 피웠다
거대한 바윗돌에 이름을 새기고
들머리에 버티고 섰다

이름 각기 다른 숱한 장미가
집성촌을 이루고
오월이 되었을 때 마을은
향기로 떠내려갔다
꽃잎에 새겨진 벌 나비 발자국과
바쁜 날갯짓이 퍼 나르는 색색들
불볕에 더욱 짙게 타더니
상강에 내리는 서릿발에도
사위어지지 않는다

계절을 버린 요염한 웃음이
낙동강 바람타고 오르면
금정산에 걸린 구름도 길을 잃고
직박구리들 노래에 빠져 든다

개망초

듣기 민망한 이름 붙여놓고
발길은 멀리 돌아서 갔네
묵정밭에서 바람과 어우러져
작은 구름꽃을 이루었네
단맛 없는 마른 입술로
유혹을 포기한 꽃술은
나비가 보내는 냉소를 받아도
오뉴월 비수를 품지 않고
낯가림 없이 눈길 따라
빛나는 웃음 던져주는 꽃
손길 주어야 다가서는
포근한 한울의 식솔
늦은 봄이 가는 길목을 지키다
가을 문턱에서 태양을 배웅한다

둥지

전월세 기한은 날개 펼치고
주인집 기침 소리에 경기 든다
오두막이라도 문패 걸 바램으로
자린고비 눈치 받으며
생애 첫 보금자리였는데

식솔이 제 갈길 떠나고 난 뒤
서른 평 아파트 열쇠 거머쥐어도
집은 가을걷이 끝난 들판이다
한번 떠난 슬하는 돌아오지 않고
기력이 종잇장 든 듯 가벼워지면
안개 속에 젖어가는 빈 둥지다

할머니 목매달던 손자도
사진으로 벽에 걸린 아들도 딸도
등 뒤에서 그림자처럼 허상으로 맴돌고
석양그늘 빈 둥지에 몸을 누이면
요양원 밤하늘에 별이 진다

빈 의자

비스듬한 가을햇살에
노인정 모퉁이를 기댄 의자에
그늘이 앉아있다

해와 달빛의 무게도 이기지 못하는
퇴행성관절염으로
버티어 서있기 힘들다

푸른 시기에 젊은 엉덩이를
무릎에 앉혀보았고
높은 벽에 못질할 때 온 몸 내어주던
정오 지난 늦은 오후

지금은 마디마다 삐걱거려
누구도 눈길조차 주지 않는
홀로 남은 의자에
허리 굽은 노인이 다가선다

청사포

소슬바람 일찍 찾아오는 바닷가
바다로 떠난 지아비를 기다리는 아내에게
푸른 뱀이 용궁에서 만나게 해 주었다
마을 굽이진 해벽위에 구름 걸리고
포구는 화폭에 담겨 펄럭인다
눈먼 달빛이 가끔씩 둘러가는
해안 길 따라 혼자 걸어도 좋고
찻잔을 나눌 물빛도 있다

어부를 끌어가는 사막과
갯내 풍기는 등대 불빛도 있어
밀려오는 파도를 마주하여
눈빛을 주고받을 주막도 있다
동해남부선 폐선 위로 걸어가는 길이 있다
달빛 윤슬이 눈 부시는 깊은 밤
마주한 등대는 파도소리에 젖어
바다 쪽으로 휘어진 망부송
시린 눈가에 먹빛 시간은 이어지고 있다

시작노트

작은 느낌 한 점 찍어 주고

나뭇잎이 화려한 색상으로 가을을 채색하듯 늘그막의 영혼에 당겨놓은 시의 불길이 사위어질까 조바심으로 책상 앞에 의자를 당긴다. 자연과 인간의 본질을 깊이 통찰하여 글로 펴는데 너무나 부족함을 느끼면서 일상에서 남이 미처 보지 못한 것을 찾아 쉬운 언어를 알맞은 자리에 찾아 넣어 누군가의 가슴에 작은 느낌 한 점 찍어 주고 싶은 바램이다.

그림이 보이고 가슴에 뜻이 새겨지는 글이 되도록 퇴고를 거듭하는 고통 속에 희열을 갈구하는 시간은 지속될 것이다.

변 송/ 경북 의성출생. 『문학예술』 신인상 시부문 등단. 한국문학예술가협회 회원. 부산문인협회 회원. 부산시행정동우 문우회 회원. bsong03@daum.net

성창경

꿈, 돌탑 외 4 편

길은 중앙탑에서 그림자를 숨겼다
마이산 탑사
모나고 흠난 돌이 몸을 섞어
층층 단을 만들어
눈부신 성을 올리고
탑 허리 뿌리내린 바람도
푸른 옷을 흔든다

만남이 묻어나는 사람들이
돌에다 안부를 감추어
떠도는 말이 무늬로 남아
검은 돌에 얼룩이 짙다
안으로 쟁여진 기도소리에
허공으로 가는 탑이 키를 세우고
암마이산 벼랑에 매달린 능소화
토해낸 붉은 말이 기단에 흩어져
발끝에 이슬이 묻어났다

숫마이산 마루금에 노을이 걸리는 저물녘
풍경소리 탑을 높이고
수 천 개 길을 밝혀 펴져간다

사랑을 잃었다

강물은 바다에서 숨을 삼켰다
안개 속에 몸을 감추는 강물은
파도 끝에 피는 꽃이다
물 끝이 길에 닿는 문이라도
걸음을 멈출 수 없는 아비가
눈물로 탑을 쌓는 팽목항 선창
밀려오는 파랑이 거칠다
물이랑 사이로 쏟는 달빛이 부서지고
망부석이 된 그림자가 흔들렸다
등대 불빛을 따라 울음이 목을 넘었다
밤낮이 수 십 번 바뀌어도
출석 호명을 거부하는 아이들은
어디에서 별이 되기 위한
날개를 준비하고 있는지
뜬 밤을 발밑에 묶어
장승이 된 어미가 무릎을 꿇었다
가슴에 박힌 못이 흘린 눈물
비가 되어 내린 긴 밤에도
촛불은 몸을 숨기지 못했다
돌아와야 할 물때도
잃어버린 눈들이 잠들지 못 한 뱃전
기다리는 아비 굽은 등을 들썩였다

노을 강

며칠 가슴 푹 젖어 보고 싶다
뼈 속까지 물들어
물든 아침을 맞고 싶다
서녘 하늘아래 걸었던 방죽길
붉게 물든 얼굴을 나누었던
눈물 때문은 아니겠지
다부동 덧 난 상처도 아니겠지
저녁 강에 토하는 울분
강물 빼앗긴 분노도 삼키겠지
하구를 향해 발걸음 머뭇거리는
몸 부여잡고 서산에 걸린 꼬리
붉은 그림자로 가슴을 열었다
굽은 어깨 위로 피 멍던 강물
숨결 끝나는 자리로 밀리면
눈여겨 바라보던 산들도
돌아서서 상복을 입었다

강물소리

어스름녘, 붉은 구름 흐르는 하구둑
잠시 머물다 떠나가는 강 울림 숲에 젖고 있다
길을 지우며 묻어 온 높고 짙은 목청
가슴 열어 바다에 던지고 있다
낭떠러지 뛰어내리는
그 깊은 음색도
등줄기 때리던 소낙비 발자국도
남해 파도에 손 잡히면 속삭임이 된다

때로는 썰물 몸부림 속에 떠나보내고
먼 길 걸어오며
스친 인연이 새겨 준 목소리
을숙도에 부딪혀 거품만 남겼다
여울목 지키는 바위가 전하는 말
서걱거리는 갈대 안부도 밀물에 숨겼다
등 밀려 돌아 올 수 없는 길 위에서
남기고 싶은 수 천 전언
윤슬이 되어 노을에 물들었다

몸 낮춰 기억을 풀어
제 이름 마저 지우고
목소리 삼키며 떠나고 있다

손을 기다리다

삽짝은 바람이 흔들다 가고
마당에 망초꽃 한가득 춤판이다
정지 문에 달린 녹슨 자물통 침묵에 빠졌다
판자 틈으로 때 되면
한 줄기 빛이 연기타고 드나들고
적막 속 밥그릇을 위무하는 먼지가
슬며시 눌러 앉은 흐린 날
거미는 제 식솔 농사가 한창이다

대청마루에 개미가 길을 트고
문고리에 걸친 숟가락 허공을 잠그고 있다
얼룩진 창호지에 뚫린 방이 어둡고
온기 잃은 구들방은 눈물을 키워
벽에는 푸른곰팡이가 터를 잡았다
멈추어 선 시계는 스스로 몸을 기울고
비우지 못 한 두레상 위
누워있는 수저가 깊은 잠에 들었다

시작노트

가슴 따뜻한 사람이 그립다

산업화 이후 우리는 많은 것을 잊어버리고 잃어버렸다.

예전엔 담넘어 이웃집 살림을 서로 알고 아픔을 같이하고 기쁨을 나누었다.

그런 시절이 전설처럼 묻혀가고 도심은 닭장같은 아파트가 하늘을 가리고, 산을 가리고, 정을 주고 받던 눈마저 가려 매일 엘리베이터 또는 주차장에서 얼굴을 대면 해도 소 닭 쳐다 보듯 스친다.

밤이면 별보다 십자가가 많이 보이는 곳에 정녕 빛나야 할 예수의 사랑은 사라지고 명산마다 앉아 있는 절에도 부처님 자비도 물질문명에 밟혀 메마른 사회를 견디지 못 한 이웃이 생명을 끊고 있다.

높은 자리 힘있는 자도 명예를 지켜야할 사람도 입에서 나오는 이야기는 자본주의 논리에 따른 주머니 채워주는 부만 화제를 삼는 시대, 가슴 따뜻한 사람들이 인간 본성을 이야기하는 말을 듣고 싶다.

성창경/ 경남 창녕 출생. 2011년『창조문학』등단. bada@naver.com

손삼현

초가을 달밤 외 4 편

금강석을 뿌린 강물 결
파초 춤사위에
찌르레기는 장단을 잘 맞춘다

옥빛 강물 줄기는
청동빛으로 영글고

미루나무는 하늘 오르는 사다리가 되어
달을 반만 보여 주고

마당 한 켠에는 둥실한 달들이
여럿 주저 앉아있다

가라앉은 산 공기는
등줄기가 상큼한데

오동잎에 켜켜이 내려 앉은 빛은
산 그림자를 더욱 짙게 하네

화살나무 낙엽

하늘 레이스 옷은 여린 잎새로
통곡의 벽에 수도 놓았어

이불을 켜켜이 쌓아 놓아
저 티벳 탑장의 오색 깃발처럼

언 발등을 덮어 주며
입술을 소옥 내밀어
연초록 새 옷을 갈아 입기도 하네

제 몸에 단비를 꺼내어
벌레를 키우고
환생케도 한다네

노래하고 춤추며 뒹굴다
어느 숙박지에서 잠들까

* 탑장 : 라마승의 무덤

그림 섬

화선지에 홍도가 스며들었다 석란은
손길 닿기 힘든 바위틈에 서리에
파고와 몸 부딛쳐
멍든 파도와 비바람에
서서가는 바람에 깎인 흙한줌
만질 수 없는 사이를 비집고
가녀린 꽃대에 달린 향은
검은 물결에 가라 앉는다

산이 멍들어 돌아온다
바람도 양볼이 터졌다
불로초의 이정표이기도 했던 짙은 향은
때어놓는 발걸음을 멀미케 하네

하늘을 짊어진 갯바위
산들 바람은 새 털 구름에 자맥질 한다

바람 노래

잿빛도시는 소리로 만들어진다
바람은 우레를 몰고 다니는 잔나비다

온몸 흔들며 노래하는 가랑잎은
온새미로 화원이다

사태진 앞산은 붉은 미끄럼을 탄다
푸른 장막에 덮인 폭포는 더큰소리로 노래한다

부러진 나무 끝에 걸려
궁상각치우를 조율하네

날선 바람은 오색 치장한
단풍나무 잎을 흩날리며
교향악을 연주하는 무대다

평화로운 각황전

눈밭위에 화엄사 각황전
사자석탑을 세워 놓았어
처마 끝 풍경소리도
천년을 품은 은행나무와
옹이 박힌 느티나무도
표정이 굳은 채 눈밭에 간다

낙엽은 눈꽃이 되어
푸른 하늘에 흔들리고

부지런한 줄다람쥐는
먹거리 갈무리에 쫑긋한 귀

구르는 가랑잎은
하늘 길을 따라 흐른다

청량한 계곡 우렁찬 교향곡도
양모 붓으로 몰래 그려 놓았네

*각황전: 구례 화엄사에 있는 국보 67호

시작노트

어느덧 든 정

문인화를 그리고 있다.

화제를 쓸 때마다 남의 옷을 입고 일상을 사는 것 같아서 언젠가는 시를 쓰고 싶은 마음이 간절해서 붙들리다 보니 어느덧 정이 들었다.

손삼현/ 경남 밀양 출생.
rane10004@hanmail.net

송경희

무지개 차를 마시며 외 4 편

광안대교 저 끝 하늘가
무지개를 보았지
국지성 호우가 어둔 그림자 가득 품은 채
두시에서 세시사이 지나쳐 간 후
어느덧 하늘에 흐르는 강은
소나기 변신을 멈추지 않았지

말끔한 흰 구름 사이에
잠 속 연초록 여린 빛이 창백하게 흐르듯
순한 얼굴 내비쳤지
무지개 차를 마시는 순간
푸른 냄새가 떠오르고
하늘로 올려 보내는 가슴이 춤을 추었지

그대 그리운 날에
가볍게 올려다 볼 수 있는 하늘에
무지개는 푸른 날개로 날아가고
비에 젖어도 지워지지 않는 빛깔
진하게 우려내도 지워지지 않는 순한 향기로
화선지에 수묵처럼 번져 갔었지

가을 노래

물든 단풍잎이
나에게 말을 걸었다
황금빛 선율속으로
나비 군무를 이루며

저 하늘 너머
구름이 넘나드는 설악산처럼
가눌 길 없는 팽팽한 열망 뒤
단풍잎의 조바심
잎새의 단조 출렁거리고

길을 따라 앞으로 걸어가는 코스모스
바람에 실려오는 향기 무게
황홀한 떨림의 곡조는
설레는 마음으로 되살아나는 벌판이되어
제 빛깔로 말을 건넸다

양철 지붕 별 갈바람에
날개 단 노래가 펄럭였다

거울

전생에
물가를 맴도는 고추잠자리처럼
그대 떠나지 못하는 바람이었다

대숲 같은 빗줄기 몰아쳐
눈 먼 기억 저편 뒤진다
푸른 물 날개에 날아오르는 나비
봄하늘이고 싶었는데

갈잎의 낮은 속삭임
흔들리는 시간을 접어
종이학을 타는 바람의 얼굴
엿보고 있다

그리움

가시바람에 부대끼며
목쉰 울음 토하는 갈대
까닭도 없이 물가에 쌓이네
싸한 물결에
시퍼렇게 멍들어 있는
차마 바라보기 힘든 하늘가

물든 고운 길섶에 머문 낙엽은
뒹구는 바람에 절로 흔들리고
늦가을 찾아가는 그대의 뜰안
거친 바람 지우기 위해
차라리 눈을 감을까
바스락거리는 한숨자국
아스라히 이마에 내려 앉네

모자

너는 그림자와 함께 살려고 하지는 않았지
그냥 얹혀살려고 했던 걸까
눈물고인 가로등 불빛 따라
사막 버스 정류장 벤치에
잠결 부비고 앉아있다

정류장 노선버스들은
사람을 뱉고 삼키고
지하철 환승객들까지
춤추듯 끌어안는 속수무책
한바탕 신기루에 휘돌고 있는데

너는 쪽빛 섬 꼭대기에 앉아
꿈꾸는 역이 어디였더라
네가 온 곳
네가 온 듯
뭉게구름이 대신 펼쳐보이게 했지

멋진 패션
한줄기 섬광어린 조명 속에 쏟아졌지
사막에 핀 오아시스

시작노트

힐링하는 마음으로

모든 사물에 애정을 갖고 살고 싶다.

상상력을 통해 사물에 접근하고 나 만의 세계를 창작한다 생각하니 기쁘고 또한 하나의 시상을 떠올려 시작하는 과정이 오히려 더 나를 찾는 길인양 경이롭다.

글을 통해 힐링하는 마음이 좋다. 시 쓰는 분들과 언제나 같이 함으로써 행복하다.

송경희/ 충북 논산 출생.
khee1225@hanmail.net

신진련

강물처럼 외 4 편

말없는 강같이 누워
구름 햇볕 다 받아주고
풀잎에 베인 상처없이
흐를 수는 없을까
거친 바다에 이를 때까지
산을 담아가고
바람을 먹고 가고
소리없이 흐를 수는 없을까

속 깊이 흘러
그대 바다에 닿을 때까지
햇빛으로 반짝이고 싶고
무너지지 않는 탑을 세워
노을 강처럼 눕고 싶은
집으로 돌아가는 새
날개가 물이 될 수 없을까

발톱에 그린 별

외출을 준비하는 엄마를 위해
딸이 발톱에 별을 그렸다
길고 섬세한 손끝이
메마른 발에 머문다

꿈에 젖어 여리기만 하던 손이
언제부터 별을 품고 있었을까
맑고 아름답게 새겨놓은 별이
눈 속에 오래 간직해왔던 여린
유홍초 미소를 닮았다

나들이를 망설이던 발은
반짝이며 하늘로 가고 싶어했다
밤이면 눈 뜨는 숱한 별이 찾아와
발톱에 은하수 길을 열었다
별은 하늘을 걸어갔다

두근거리는 외출이 끝나자
나는 커튼을 열고
하늘로 별을 띄워 보냈다
별은 딸의 마음을 전해준 뒤
하늘 집으로 돌아갔다

밤 그림자

내 그림자가 커서 밤이 되었다
그림자 끝에서 반쯤 잘린 달이
내 몸을 갉아 먹자 곁에서
종일 너덜거리던 보풀이 떠올라
하늘에 달무리를 만든다
손 닿을 듯하던 별을 밀어 올려
속이 타버린 길을 삼키고
잠 든 바람이 손톱을 세운다
걸어온 길들이 찢어지는 소리에 놀라
그림자가 엄마 눈물 속으로 숨었다

밤은 엄마 그림자도 데려와서
손등에 난 상처도 가려주고
유리창 밖 모래 언덕도 숨겼다
펼친 치마폭에 스민 달빛
찍힌 발등을 희미하게 밝힌다
모래언덕에 드리워진 그림자
별빛이 가로막힌 창틀 속으로
신기루 속 풍경을 부풀린다
어둠에 기억을 깊이 묻으라는 듯
한 마리 쌍봉낙타가 걸어갔다

일출

물에서 불기둥 하나 솟구치더니
하늘 끝에서 불빛 하나 내려와
내 가슴 거죽을 뚫고 들어왔다
죽을 것 같은 두려움에 잠시 휘말리다
한 순간, 숨이 턱 멎어버린 아찔함
발끝에서 머리끝까지
수만 볼트 가시 전류가 흐르는
나도 모르게 새어나오는 신음소리
들키고 마는 벼랑 끝에서
내 몸 속 하늘을 느껴보는 사랑
부끄러운 오르가즘
이 세상 가장 멋지고 깊은 만남에
눈물 나게 고운 짜릿한
짧은 시간, 긴 호흡

태胎
-세월호 편지

바다가 햇살을 삼켜 버렸어요
뿜어내는 물거품 속에 아침이 기웃거리고
한순간 갇혀버린 빛
더듬은 손에 엄마가 만져져요
따뜻하고 아늑한, 자궁

엄마 손이 닿는 물 속 놀이터는
부딪쳐도 상처가 나지 않아요
떼로 물고기가 다녀가는 창가에
먼 불빛이 비치기도 해요
어디선가 컥, 컥, 소리가 들리지만
새끼 잃은 상괭이 울음인 줄 알았죠

잠을 자야겠는데
밤 새 파도가 뒤척이는 소리
불면증 걸린 엄마가 부르나 봐요
어느 곳에 틈이 생겼는지
납작하게 생긴 고기가 몸을 간질여요
불어난 살점이 가려워요, 엄마
나날이 몸이 불어나는 걸 보면
머잖아 엄마 속에서 빠져 나가겠죠

기다려주세요, 엄마
목이 따끔거리는 걸 보니 이제
아가미가 생기려나 봐요
발가락 사이 물갈퀴가 돋아나면
가벼워진 몸 탯줄을 따라
물속에서 별로 떠오를 거예요

시작노트

나의 첫사랑

다시 첫사랑을 찾았다.

이후 가슴 두근거림이 시작되고, 사랑에 다가서려는 몸부림이 시작되었다.

잠 못 드는 날이 잦아지면서 온 몸 뼈마디 마디에서 염증이 쏟아져 나왔다.

아름다운 통증이 이런 것일까.

첫사랑을 다시 싹 틔우면서 자갈치 질퍽한 바닥과 비린 바람을 사랑하게 되었다.

아직은 서툰 사랑이 두렵고 힘겹지만 행복하다.

내 행복이 전달되어 모두가 행복했으면 좋겠다.

첫사랑 나의 시를 사랑한다.

신진련/ 부산 출생. 동아대 졸업. 자갈치에서 일함. 〈신공문학〉 동인.
chdk82@hanmail.net

유미화

밤, 청사포에 들다

벼랑 아래 나즈막이 자리한
청사포 밤바다에 어둠이 짙어오면
어디쯤인지 모를 기억 한 줄기
물빛속으로 빠져들고
살아 온 날들과
살아 갈 날들 사이의 점 하나
또렷이 일어선다.

흔들리는 별빛 아래로
마주 선 등대의 짠내음이 혀끝에 닿을 쯤
바다 위를 걷는 여자
맨 가슴으로 파도를 껴안고
먹먹한 가슴 풀어 헤친 파도는
어느 새
내 눈 앞에 주저 앉아 운다

그 밤, 청사포에 들면.

억새풀

인고의 세월 버텨 온 마른 다리가
비스듬히 눕기 시작하더니
무거운 어깨 내려놓았다

비바람 숱한 흔들림
거부하지 않고 힘겹게 맞서더니
제 살길 찾아 떠나는 자식들
손 흔들며 배웅한다

끊어질 듯 감싸안은 허리
절룩거리는 모정
유배된 시간들 아래로
허벅지가 눈물로 축축하다

메마른 광야 홀로 떠돌던 바람이
지친 몸 뉘었던 그 자리
흔적을 쓰다듬던 손끝이 파르르 떤다
온 몸으로 전해지는 갈잎의 전율
산그림자 눈썹 끝에 걸린
낮달이 엄마를 마중한다

낙엽

상강 무렵
저문강에 서면
가슴을 파고드는 통곡소리 들린다

다하지 못한 한 마디
붉게 써 내려간 마지막 연서들
너에게 가 닿기도 전에
흩어져버린 상흔이 되었다

그대 마음 잃을까 홀로 아파하며
맨 가슴으로 지새운 밤이 무거워
연일 내리는 비에
뼈속까지 젖어 버린 남루한 행색
마지막 손 사래에
어김없이 곤두박질한다

다가서지 못해 뒷걸음질치는
늦마중 나온 인연의 서러움에
침묵을 이고 선 날선 고독이
토해 내는 울음일게다.

낙화

태양의 뜨거움을 삼킨 서늘한 이별의 냉기가
스산한 바람속을 내달린다

꾸덕꾸덕해진 인연의 조각들과 마주쳐
해체된 마음 속 엉켜 붙은 추억의 그림자들

시간이 갈수록 굳어져 버린 가슴 녹이려
따스한 사랑 찾아 하늘 떠돈다.

산 허리에서 마주친 더운 바람 한 조각
스르르 빗장 열어 토해내는 눈물들

하여
한여름 소나기는 언제나 따뜻하다.

멈춰 선 채 더운 소낙비 흠뻑 맞은 자리엔
맺혔던 검은 어혈 알알이 풀어내어

선홍빛 꽃잎 되어 그대에게로 흐른다
못다한 사랑의 노래 온 몸 가득 머금은 채로

석양

웃고 있는 줄로만 알았다

하룻길 광야의 삶을 마치고
느릿느릿 줄지어 걷는 차들의 머리위로
그보다 빨리 서두르는
홍조 가득한 얼굴이 낯설어서

아쉬움만큼 미련도 크게 남아
마지막 열정까지 모조리 불태우고
순식간에 산모퉁이를 돌고
어느 새 바다를 건넌다

매일 한 뼘씩 길어지는 낮만큼이나
한 뼘씩 쌓여가는 삶의 더께에
움츠린 어깨 활짝 펴며
웃어보리라 다짐하던
일상의 소심함이 내려앉고

떠나는 것만이 전부가 아님을
어쩌면
사랑으로 감싸 안고 덮어주며
그 자리를 꿋꿋이 지키는 것이

진실로 강한 부드러움이라고
산 그림자 배시시 미소로 일러 준다

내일의 해는 오늘의 해와 다르겠지!
땅거미 짙게 내린 아파트 숲 사이로
석양이 마지막 작별을 고한다.

시작노트

내 안의 나를 향한 이야기

혼자이고 싶을 때가 있습니다. 혼자 걷고, 혼자 생각하고, 혼자서 조용히 내 안의 나를 들여다 보고 싶을 때가 있습니다. 그럴 때마다 내 안에 사는 나는 어찌도 그리 변덕이 심한지요?

세상 속에 살면서 어쩌면 세상과 다르기를 원하기도 하고, 때로는 세상을 향해 맘껏 소리치기도 하고, 그러다 언제부터인가 자연을 향해 눈길을 돌리기도 합니다.

결국 인간은 누구나 외로운 존재이고 그러기에 하늘과 바다와 바람을 친구 삼고 가는 존재인 것 같습니다.

제 글은 내 안의 나를 향한 이야기와 하늘과 바람과 바다를 보며 새삼 내 안에 존재하는 또 다른 나를 발견하게 되는 새로운 시작점, 그리고 인생길의 끝에서 만나게 되는 절대자에 대한 그리움이기도 합니다.

하여, 혼자만의 시간은 내가 가장 진실해지는 시간이며, 부족한 저의 글들은 그 시간들의 흔적임을 고백합니다.

『 』

유미화/ 동의대학교 교육대학원 졸업. 『월간모던포엠』 시부문 신인상. 부산진구민 작품공모전 최우수상 수상. 세계모던포엠작가회 영남지회 회원. 달빛문학회 회원. 공저 『나를 키운 바람소리』 모던포엠 작가회 17시선집 『모던포엠』, 2014) saloyoo@naver.com

이남훈

사과나무 외 4 편

가지산 등줄기 감은
남명리 얼음골
새털구름이 내려앉는다

맑은 햇살과 눈이 맞은 나무
여름내 나눈 뜨거운 사랑을
간직한 가슴이 수줍음을 품었다

사랑을 맛본 새들이
가지사이를 헤집고
집요하게 쪼아대지만

푸른색을 떨어낸 사과는
잎사귀 사이로
선홍빛 잇몸을 드러낸다

골바람 시샘을
온 몸으로 지켜온
눈부신 빛깔이다

*남명리 : 경남 밀양시 산내면 남명리

영도다리가 들렸다

비린 남항 바람
기적이 울리면
가설무대가 공중에 열리고
75도 블르스
육중한 춤이 시작된다

젖은 기억 쫓는 눈빛들
함성이 마르기 전에
눈 밑을 지나는 배
물결 자국을 남긴다

이웃 남자

아파트 복도 창에 햇살이
느슨하게 걸터앉은 오후
앞집 남자는 습관처럼 외출을 한다

생의 이력이 새겨진 굽은 등을
황토색 외투에 감추고
뿔테 안경 너머
세상을 향한 시선이 허술한 사내

마주한 집 현관에서
어색한 눈웃음만 맞추던 몇 년
아는 것은 없다
주름 깊은 삶의 책장을
홀로 넘겨왔다는 것뿐.

축제 풍경

헤이즐넛 향 넘치는
창 넓은 해변 카페
공연을 보기 좋은 곳이다

카펫이 깔린 수평선 위로
가설무대가 열리면

물결 출렁임과 몸을 섞은
건들바람이 서핑을 한다

뭉게구름 입에 문 갈매기 눈짓에
어깨 부딪치며 달려오는 파도의 함성

햇살 조명 받은 모래 등을 밟고
근육질 사내들이 춤을 춘다

노을을 묻은
물결이 눈부시다

환생

이슬 걸어가는 새벽
가슴에 묻어 둔
눈썹 짙은 창을 열면

전원이 닳아 희미해진
별 하나 눈에 든다

먼 길 달려와 밤새 노숙하며
초록 지붕을 지킨 파수꾼

이름 없이 사라질
옅은 너의 숨소리 들린다

몸에 빛을 채우기 위해
또 하루를 어둠속에서
기다리는 별

시작노트

몸에 빛을 채우고

사과나무/일손이 부족한 지인의 사과 농사를 돕기 위해 가끔 찾아가는 밀양 얼음골 사과밭. 열매의 푸른색을 떨어내고 눈부신 선홍빛 옷을 입히기 위한 사과나무의 시련과 고독을 가슴으로 느끼며, 저녁 노을과 어우러진 사과향에 흠뻑 취해 돌아온다.

영도다리가 들렸다/고향 영도. 어릴 때는 하루에도 몇 번씩 걸어 다니던 영도다리. 우연히 다시 찾은 고향마을에서 본 다리가 들리는 광경. 개구쟁이 동무들과 뛰놀던 시절이 그립다.

이웃 남자/아파트는 이웃이 없다. 앞집 사람과 윗집 사람이 있을 뿐이다. 앞집은 늘 조용하다. 남자가 습관적으로 외출하는 시간만 인기척이 있다. 이웃은 멀리 있는 친척보다 가깝다고 하는데....

축제 풍경/햇살 맑은 가을 송정 바닷가. 커피향 가득한 창이 넓은 카페에서 바라보는 해변의 풍경이 재미있다. 파도와 갈매기를 벗 삼아 서핑하는 사람들, 출렁이는 물결에 비친 깊은 하늘이 눈부시다.

환생/일찍 잠이 깬 새벽, 창으로 별 하나가 눈에 들어온다. 주변에 친구도 없이 홀로 떠 있는 별. 날이 밝아오니 빛마저 희미하다. 밤이면 다시 찾아 올 것이다. 몸에 빛을 채우고…

이남훈/ 부산 출생. 부산시 상수도 공무원 재직 중. namhoon68@hanmail.net

이만장

부엉이의 밤 외 4 편

제 꼬리를 물려고 동심원을 그리는
검은 부엉이를 봅니다
촛불 켜진 법당 뜰 앞
어스름 숲 속에서 들리는
애절한 울음소리가
부처의 가슴을 찢는다
첫 만남에 얼굴을 감추고
지워지지 않는 비가로
시린 세상 삭혀 가는 너를
지켜 보고 있다

밤은
솟아오를 푸른 그림자를 품고 있는
잔잔한 바다이다

눈빛은 짐승을 닮아
곁눈질 속에 칼 바람이 속삭인다
날개 찢긴 부엉이들을
둥지 속에 몰아 넣어
꿈속에 들게 한다
그을린 몸이 차갑게 솟구치어
하늘 창을 연다

허공을 절개하듯 날아오르는
부엉이의 힘찬 날개가
칠 선녀의 손에 잡혀
끝없이 나래 짓 한다
건너려는 은하수가 별 나라이다
깃털 속에 낀
묵은 번뇌까지도 녹아 내리고
온 몸이 무아경 속에 빠져든다
이제 북두칠성이 되어버린 날개가
별의 허리를 휘어 감고
범종소리를 들으며
호수 위를 걷는다
새벽을 두드리는 북소리에
눈을 뜬 부엉이들이
강물을 넘으려는 밤의 수레에
무지개 다리가 되어주고
동트는 능선에 올라 긴 햇살에
잔영을 털어내고 있다

팽목항

여객선에는 생명수가 있다
거친 물결에 부도옹이 될 평형수를 빼내고
화물을 채워 출항하다니

파도를 넘지 못하고 허우적거리는 세월호가
샛바람이 몰려 가는 맹골수도에
잠을 청하듯 몸을 눕힌다

“배가 침몰한다 여기는 진도 앞 바다인 것 같다”
라고 구조신호를 날린 것도 아이들이다
“움직이지 말고 배 안에서 기다리라”
얼굴 없는 방송이 귓전을 찢는다
“구명조끼 한 개 없어요?”
“내 것 입어”
선장과 달랐던 아이들
끝내 물속에서 기다린다

그래도 뱃길을 깨우친 제복 입은 항해사들이 아닌가
어린 것들이 기다리는 사이
맨발로 달아나는 삭신의 꼴이
속 옷으로 담을 넘는 검은 고양이다

"아. 기울어 졌어 엄마 아빠 사랑해요"
넘어지고 있는 운명의 순간에 보낸
아이들의 마지막 메시지다
엄마를 위로한다
"태반의 사랑"만은 잊지 않겠다고

그래 하늘이 돕는다
너는 어디에서든 별빛같이 살아갈 거야
숨쉬는 물방울이 떠오른다
바다 위로 달려오는 네 눈빛이 가슴에 파고든다

자식을 기다리는 엄마가 밥을 던진다
친구가 사온 신발을 신고 이제 집에 가야지
이름을 목놓아 부른다
내 손으로 땅을 열고 너를 보낼 수 있다면야
떨리는 가슴이 꿈길을 찾아
웃는 너를 만날 수 있으련만
서늘한 침묵만이 아프다

발끝으로 걷는 달빛이
맹골수도를 젖은 눈으로 굽어 본다

폭포

하늘이 토해낸 기둥이다
태고의 빛을 찾으려
파적破寂을 일으키는 목전에서
두 손 모아 기도한다

긴 허공을 걸어온 살결이 거칠다
풀섶에 젖은 허망한 옷깃을
스스로 벗어버리고
어둠을 쓸어내는 아침 햇살 속으로
온 몸을 던진다

천길 낭떠러지에서 범종소리로 부서지는 몸이
두려움도 없이 떨어진다
공중에서 비운 속까지 불사르자
하얗게 태워져 엉킨 머리 결이
빗질을 한 듯이
장엄한 햇살로 쏟아진다

허공 속으로 날아가는 은빛 이빨로
벼랑을 외치는 포효는
검푸르게 출렁이는 수평선을 뚫고
물의 탯자리를 찾아

하늘 물로 다시 솟아오르는
진통의 순간이다

아직도 고매한 기도처럼
골짜기를 하얗게 태우고 있다

간이역

가을밤 귀뚜라미 놀랄까봐
동해남부선 완행열차가 숨을 죽이고
율동栗洞역*에 들어서고 있다

네온 불빛에 지쳐 귀향하는
젊은 부부의 멍 든 발이
플랫폼에 닿는 순간

"아! 이것이 밤이다 그 밤이다"

달빛 그리워 밤을 나래질 하는
부엉이 울음에 하늘이 열리고
별빛 쏟아지는 들녘에
벼 이삭 여무는 숨소리 듣는
그때 그날 밤

내 태반을 버리고 첫 울음 터진
반딧불이 지나가는 그믐밤 이었지

치술령 언덕에서 익어가는 밤송이가
멈춰선 객실 불빛을 따라 나설 듯
서둘러 밤알을 토해내었다

땅을 치는 알밤 소리에
노부부가 얼른 열차에 오른다
꽃잎에 맺힌 별이 떨어질 새라
기척도 없이 열차는 떠나고
굴곡진 철로 변에는
피어 오른 코스모스만이 하늘거린다

*율동역 ; 경주역과 모량역사이 간이역

낙동강

누가 네 발목에 족쇄를 채울 것인가
포성이 몰려온들 떠나지 않는다
몸을 던진 별들을 쳐다 보면
다시 돌아 올 물길은 여기다

혼자 강 뚝 길을 걷는다
별빛과 눈 맞추다 강물에 기대어
목이 잠기도록 외친다
강물이여 떠날 날을 잊었는가

하늘 속으로 걸어가는 푸른 눈빛에
내 거친 손을 얹는다
구름도 놓아버린 멍든 눈물에서
붉은 전율이 온다

저승에서 가져온 얼음을 녹이려
뜨거운 눈물을 가슴에 모아
투명하게 물길을 걷는다

목이 타는 여린 씨앗들을 두고
몸을 돌리지 못한 채
풀어 놓은 젖꼭지를 산 그리메가 물고 있다

억 만년을 살아온 은하수 따라
푸른 빛을 하늘로 밀어 올린다
낙동강 물빛은 줄지 않고 흐른다

누가 네 발목에 굴레를 채울 것인가

시작노트

상처를 감춘 치열한 삶이

어릴 적 기억에, 이 세상이 범선같이 보일 때가 있었다. 해방이 된지 얼마 되지 않아, 앞이 보이지 않는 물안개로 방향을 잡지 못하고, 세찬바람에 우로 좌로 밀리는 풍전등화 처지였다. 반절세상에서 허기진 사람이 절대다수를 넘을 때, 왜 사람이 이런 고통 속에서 방황해야 하는지 눈물로 하늘을 원망한 적이 있었다

잔재해 있던 양반과 쌍놈의 신분이, 6 . 25란 변란을 겪으면서, 부자와 빈자의사회로 전환되는 시기였으니까, 누가 "생명은 추운 몸으로 온다" 했던가?

눈치 빠른 사람들은 절반의 경계에서, "계층상향이동"의 길을 만들기 위해 피와 땀을 흘렸다. 물론 중도에서 낙오의 쓴맛을 보고 분투하고 있는 사람도 있겠지만, 산업사회에서 자신의 능력과 노력으로 "성취적 지위"가 빛을 발하는 시기였다

"성취적 지위"도 잠시, 젊은 층의 취업이 점점 어려워지고 이제는 탯줄의 "귀속적 지위"가 다시 살아나고 있다.

상처를 감춘 치열한 삶이 내면의 갈등을 극복하고, 갈구하는 바를 찾아 나선 거친 손발에 묵상하는 내 詩가 자칫 신세타령이나 되지 않을까 조심스러워 진다.

이만장/ 경완산업(주) 대표이사 역임. 22회 부산진구 구민 작품 공모전 문학부분 우수상 수상. s723794@naver.com

임희자

꽃 바다 외 4 편

들꽃 보고 싶어
가을 길에 나선다

소슬 바람 뒤로 한 채
물결 이루고 있는 코스모스들
뭉게구름에게도 손 흔들어주고
빨강 분홍 하얀 꽃
별 이야기가 한창이다

농익은 햇살은 아쉬운 꽃잎을
더욱 맛있게 안아주고
색깔 바람에 따라 흔들려 주는
하나 되는 그 모습이
푸른 하늘 아래 앉은 연녹색 바다
목이 긴 그녀 옆에 서서
꽃잎 되고픈 미소가 하얗다

빨간 꽃잎 따
하얀 옷섶에 꽃 도장 찍던 꿈이
쪽빛 하늘가에 어린다

평화

햇살 곱게 익어가는 가을길에
발길 머문 곳은 유엔기념공원

한국 전쟁에서 목숨 바친
이웃 나라 병사들이 모셔진 이곳은
꺼지지 않는 젊은 불꽃들이 있어
가슴속 저려오는 고마움에
숙여지는 머리가 있다

나른한 오후가 졸고 있는
뉴질랜드
텔 모리손 피제이 묘지 옆에
웃고 있는 노란 실국화
빨간 장미는
어이 그리 요염한지

헌신이 헛되지 않아
하늘은 무지개 꽃으로 피어나고
푸른 영혼들은
꽃밭에서 꽃을 피운다

사랑이었나

노을 지는 남항 해안가
하늘거리는 코스모스길 옆
밝은 카페 창가에 앉아
눈에 커피 향 피어오를 때
수평선 뭉게구름 사이로
하늘 푸른 유년을 꺼내본다

들꽃 휘청거리는 유월 동산에
숨어있는 네잎클로버 따
꽃반지 만들어
손에 끼워주던 그 눈빛
창가에 남아 있는데

잊었던 시간 속에
안타까운 손목이
따스하게 저려온다

물보라 이는 바다에는
길 잃은 갈매기만
소리 내 운다

달리는 섬

땅 아래로
달리는 섬이 있다
꼬리를 문 모바일이 달린다

출입문이 활짝 열리면
자리에 앉기가 무섭게
모바일을 들여다보기 한창이다
정장차림 출근 하는 아저씨도
손바닥 상자 속에 몰입 한다

“파란 비옷이 왔어요”
“오천원 한 장이면
 외출옷 젖을 일 없답니다“

앞에 앉은 소담한 다리 아가씨
내 눈이 부끄럽다
달리는 섬이라
쳐다볼 먼 산도 없다

나의 詩에게

서리 맞은 단풍이 꽃보다 예쁜
시월 하순 어느날부터

언어의 고운 자태에
새까만 눈은 멎었다

단잠의 꿈결에서
남실바람 부는 낙엽 길위에서도
밝은 얼굴만 찾아 나선다
잡히지 않는 손을 잡기 위해
안간힘 쓰는 눈시울이
붉어질 때도 있다

뭉게구름이 손짓해주고
깊은 하늘이 입맞춤 할 때
시린 가슴 안아줄
맑은 이슬 한 수면 족하지 않겠니

시작노트

마음의 등불이 되었으면

詩자도 모르는 사람이 여기에까지 지나온 시간들 생각하면 부끄러워 얼굴이 붉어집니다. 하나하나 풀어나가는 재미가 이루 말할 수 없이 신비로웠습니다.

시를 읽다 시가 좋아 시 속에 빠져버렸습니다.

붓이 서는 곳에 글을 써보고 싶고 그 글이 마음의 등불이 되었으면 합니다.

임희자/ 경남 함양출생. 금강불교대학졸업. heejl45@hanmail.net

장진구

폭풍우 외 4 편

엷은 손이 손가락을 모두 세우고
흑과 백 건반 위에서 안개가 되었다

가락이 펼치는 눈부신 율동은
경계를 넘어 선 기운이 토해 놓은 파도
물결 위에 이는 바람이었다

소리가 폭풍우가 되었다
오른 손 오르내리는 가락
왼 손 어울림으로 날아오르고

점점 굽어져 일렁이는 어깨는
골짜기를 지나 강물로 흘러간다
몽환에 실바람이
가슴 깊은 곳에 젖어 들어었다

손끝은 숨결에 실리어
건반 위에서 꽃구름을 피운다
나비 날개에 이는 폭풍우다

노숙하는 별

부전역사 낭하 동쪽 창틀위에 누운
회색모자 챙 끝에 별 하나 걸린다
바쁜 발자국 소리 귀를 밟고
안개로 피어난 정적 끝에
동해남부선 가는 기적소리
꺾어진 무릎 아래로 흘러간다

계단을 넘어온 젖은 바람
머리를 들어 쓰린 속을 꺾었다
빈속은 수도꼭지를 돌려
터지는 소리를 받아 마신다

살아난 물결들 바늘로 내려앉아
회색벽을 걸어 갈 때
잃어버린 출근이 열어 놓은 퇴근 길
소주병 쓰러진 자리에 남루를 담아 메고
문 닫은 시민공원 타워 푸른 불빛 아래
어둠 속으로 별 하나 사라진다

질경이

매미 가슴 떨림이 멈추고
질경이는 고개 숙였다
청개구리가 노래 불렀다
하늘에 줄을 선 먹구름
한 가닥 빛으로 무너져
질경이 떠난 빈터를 덮었다

쏟아져 내린 물이
골짜기를 덮고 강을 메웠을 때
질경이는 바다로 갔다
백양산 자락 성지교 옆
뼈만 남긴 길모퉁이에서
남은 뿌리가 기지개를 켰다

돌 틈을 비집고
내린 뿌리에서
새파란 눈으로 서있는 질경이
햇볕이 든 창가에서
벌판을 향해 손을 흔들었다

바람 노래

시민공원 바쁜 남문 마당에
바이올린 비올라 멜로디온
젊은 단풍나무가 삼각바지
몸 떨림으로 연주한다

거울에 주름을 잡는
바람이 되었다

손잡은 부부 손이 그림자를 내려
화살나무 붉은 잎을 흔들어 깨우고
호수 위에 일렁이며
화음을 쏟아내는 낮은 목소리

까치 한 쌍 날아올라
육송 어깨 위에 걸터앉아
거울에 비친 눈망울을 본다
모습을 다듬고 있다

아침 창에 구름이 걷히어도
날아드는 새는 보이지 않고
호수 눈동자 속에 머무르는
분주한 잎새의 떨림들

늙은 단풍나무 잎 날려 와
수면 위에 갈 길을 잊었다

층간 이웃

하늘로 가는 소실점 아파트가
예각으로 날을 세웠다

같은 얼굴로 키가 자라
숫자로 문패를 달고
벽 하나를 두르고 앉았다

바닥에 발을 구르면
붙박이로 빛나는 단추를 눌러
너무 잘 들린다고 화답한다

전화선을 탄 뜨거운 불길이
귀에 못을 박아
정수리에 바늘로 돋았다

하늘과 땅으로 떨어져 있어
몸이 오고 가지는 못하여도
소리는 통하는 이웃

젖은 머리 말리는 아빠가
굴러 달리는 아이를 눈 속에 앉히는 밤

천정을 여는 분주한 문안이다

바늘을 삼킨 실눈이
부르는 노래
허공에 외로운 별빛 꿈을 본다

시작노트

등불을 밝히고

생각 없이 앞만 보고 달려온 세월이 쌓아 둔 응어리 들을 마주 한지도 몇 해를 넘기고

시작노트를 쓰고 있는 지금 눈 뜬 하루가 소중하기로

살아 있음에 감사 할 뿐이다.

허리가 아릴 때마다 등불을 밝히고 동 터는 아침을 시린 눈으로 맞았다

하나, 둘 버려진 빈자리에 작은 것부터 쌓아 가리라.

하나, 둘 조금씩

11월 가을, 자다 책 보는 작은방에서

장진구/ 경남 밀양 출생. 전 부산광역시 공무원 정년퇴임. 현 시창작 〈길〉동인 회장.
django2208@hanmail.net

전명옥

조선종이 외 4 편

탈춤을 추어라!

억겁의 진액을 뿌리에 모아
키워온 살갗
벗기고 찢겨 끓는 물세례
비로소
두 손에 담긴 속살

다시 찢기고, 짓이겨져
끈질긴 점액질 인연에 살 섞어
다소곳이 툭눈이 되고
주먹코가 되고
초승입이 된다

서리, 바람, 그림자, 새털구름 흐르는 얼굴
태초 어느 보름밤
몰아치는 몸짓은
웃음 흩뿌려 나누고
피눈물 안으로 삭인다

탈춤을 추어라!

강

여름방학 내성천에서
센 물살에 밀려
소꿉친구와 정신 잃고 떠내려가던 유년

시골 큰집 들녘 개울가
버드나무 구불텅한 뿌리 옆
깊은 웅덩이에 빠져
발끝은 닿지 않고
물 무섬증으로
개헤엄도 못 치는 나

며칠 전
태풍 산바가 쏟아놓은 거친 물에
소도 자동차도 버드나무도 쓸려가는
거대한 소용돌이
그 흐름 위에 작은 배 하나 지어
타고 흐르는 거야

이제는
몸 부풀려 넓어진 강도
갈대처럼 몸 낮추어
내 앞을 흘러간다.

별

신라시대
연못가를 걷던 선덕여왕
하늘 향해 기도로 쌓아 올린 우물
첨성대에서 우러러 손 모으던 별

한밤 중
반월성에 소나기 그치고
풀숲에 잠자던 신라인 밥그릇
거기에 고스란히 뜬 별

눈에 든 별
가슴에 든 별
주머니 속의 별

겹겹이 쌓인 천년의 티끌
까마득한 안드로메다

지금
신라에서 온
너는 어디로 가고 있니?

진짜를 베낀다고?

진짜를 베낀다고?
속울음 감춘 웃음들

기억도 아득한
돌 사진 속 웃고 있는 아기

꽃밭에서 마냥 뛰노는 아이

거울 속에서
멋지고 싶던 사춘기

미소 속에 감춰진 샐러리맨의 아침식사

어느덧 하회탈이 된 중년

볼라벤에 날아간 초가지붕 같은 머리의 그
비겐으로 변장한 그녀

어느 날 영정 사진 속에서
웃음을 꿈꾸는 그대

살아온 그대 발자국의 깊이는

어느 블랙박스에 담겨있나?

무엇으로 베낄까?
그럴 필요 있나?
그냥 가야지
아니, 한편의 시로 배달될까?

외할머니

엄마는 해마다 추석 무렵
외할머니 산소에 벌초하러 가신다.

안동 김씨 큰 대문 집 외동딸
시집와 엄마 되고
한국전쟁 한창일 때
만삭이 된 몸

포탄파편 맞아
탯 속 아기와 함께 죽고
남겨진 여자 아이

그 눈 어찌 감았을까?

얘기로만 들은 외할머니 보고 싶다.
내 딸과 닮았을까?

그해 난 아기 회갑 할아버지 됐어도
갈수록 밀려오는 해일
세포마다 올올이 박혀
잠 못 드는 밤
더욱 영롱한 핏빛 그리움

시작노트

잘 발효되지 못한 시를

1975년 가을이었습니다. 대학 1학년 때 국어 연구반에서 포항의 청하 보경사로 담당 교수님, 선배님들과 함께 「임간문예학교」라는 제목의 행사에서 백일장을 열었습니다. 깊고 파란 하늘을 배경으로 올려다본 고운 빛 단풍들은 하늘로 하나, 둘, 말라가는 꽃상여와 오버랩되며… 눈물이… 그 느낌을 시로 지었더니 '가작'으로 입상을 했던 기억이 납니다.

30년 가던 길을 문득 멈춰서 보니 가슴 한켠에서 아직도 싹트기를 기다리는 묵은 씨앗 하나 둘, 그때쯤 그림나무를 만나 씨앗 몇 알 싹 틔우다 아직은 어설픈 인생살이 곰삭아서 잘 발효되지 못한 시를 내놓는 것이 부끄러워 지금은 아직 발아되지 않은 또 어디선가 날아와 내 속에 앉을 씨앗을 기다리며 애써 여유부리며 태연한 척 지냅니다.

그러다 벌써 청마해도 끝자락 올해도 빈손으로 보내야함에 서운함이 옷깃을 파고들 무렵 시를 향한 망각을 일깨우는 연락을 받고 반가우면서도 복잡한 마음이 들었습니다.

나의 가작에 뽑힌 시가 학보에 실린 이후 이번이 두 번째 활자로 얼굴을 내 보입니다. 감사드리며 함께 같은 방향 보며 가는 벗들이 있어 행복합니다. 모두들 사랑합니다.

전명옥/ 1957년 경북 영주 출생.
jmok0102@hanmail.net

정순용

낯선 곳으로 출항 외 4 편

비행접시 탄 지구인이 되어
베이징에서 일년 간 머물라한다

처음 타본 707번 시내버스
안내 방송은 고양이 말일까
님 찾는 부엉이 노래일까
뼈 속 깊이 새겨둔 모국어
쓸모없는 도끼로 나뒹굴고
간자로 변해버린 한자도 아리송해
어디서부터 다시 시작해야 할까

재래시장 물건 사는 요령과
카드기 사용법 시범을 보았다
내일은 시내버스 타고 나가
카드기에서 오백 위엔을 찾아
큰 수박 한통과 갈치 한 마리
사 오라는 무거운 과제를 받았다

집채보다 큰 파도 이무기로 변해
내가 탄 배 휘감는 꿈을 꾸었다
탈 없이 과제를 해낼 수 있을까
압박에 시달리지만 그러나

지평선 너머 낯선 항해
한 번쯤 해볼 만한 출항이다

동굴지도

황금박쥐가 날라다 준 동굴지도
거미줄 미로에 눈앞이 캄캄해지나
톰 소여 마냥 호기심이 발동해
혼자서 보물섬 찾아가보기로 한다

육십 팔 년 동안 익혔던 모국어
낯선 지도 위에서는 휴지조각
손짓 발짓 눈짓이 유일한 통로다

잠자리에선 용기백배이나 동굴 앞에 서면
몇 번이나 어깨 쳐져 발걸음 되돌렸다
할 수 없을 거라고 나뭇잎 새 흔들리지만
눈빛 만은 어둠을 뚫는 허클베리 핀이다

장 라오시에게 배운 상형문자로 가고
거리에서 수시로 사전 들추지만
기억력은 돌아서면 안개로 날아갔다

두 달 동안 익힌 말과 글이지만
후둘거리는 다리에게 용기를 준다
지도 속 미로를 헤쳐 보물섬에 닿으면
쏟아지는 빛에 어깨가 날개를 단다

동신디엔

만토우 씹다가
물 한 모금 마시고 트림하는
동신디엔 농민공 거주지

허리 한번 못 펴고
철근 옮기던 지하철 공사판에서
가로등이 하나 둘 켜지자
집으로 돌아가기 바쁘다

십육 차선을 매운 차들이
토해낸 냄새가 코를 찌르지만
낡은 버스에서
다리가 몸을 찾아 내린 사람들
달리는 차들과 전쟁 치르며
횡단보도를 건넌다
신호가 바뀌어 차들이 고함쳐도
건너는 행렬 끊어질 줄 모른다

쪽방 앞에 어지럽게 흩어진 신발들로
들어갈 틈 없지만
고기 굽는 갈탄 냄새가 '니 하오'를 대신한다
도시 연무는 동신디엔 사람들에게는

먼 나라 얘기다
무거운 냄새도 향긋한 시앙차이가 되었다

북경의 밤

방사선이 연결된 네 개 고리 안에서
차는 거북이걸음으로 매연을 뿜어대고
배가 부른 공장 굴뚝은
검은 하품을 하늘에 쏟아낸다

몰래 키가 자란 빌딩 숲이
몸 덥히기 위해 풀어놓은 연기에
가시거리는 눈 뜬 맹인이 되고
연달아 아이빔을 토해낸다

바람조차 불지 않은 북경분지
가가호호 갈탄을 떼어 밥을 짓고
빈 배 채우는 연기가 꿀맛을 내니
유리막 안에 바리스타 물 붓고
아메리카노 짙은 향을 만들겠다

북경하늘에
흙빛 마스크 쓴 태양조차
기침소리 내며 갔다
눈 어두워진 나는 아메리카노 향에 취해
한 치 앞도 분간 못하고
연옥 밤을 헤맨다

황산

오로지 그 모습만을 그리며
수 천리를 마다않고 달려온 날
먹구름 품은 하늘이 우르르 꽝
불칼을 온 천지에 꽂으며 맞았다

멀리서 그 모습만 바라보다
발길을 되돌려야 할까봐
뜬눈으로 밤을 지새운 날
마당에 나서니 깔끔하게 세수한 황산이
빙긋 웃으며 빨리 오란다
한 발자국 옮길 때마다 다리가
천근으로 다가오고 숨이
턱 끝에 찰 때에야 비로소
서해대협곡이 일선천 문을 열고
흑호송이 손 흔들며 나를 맞았다

하늘에서 산과 바위를 샤워하자
바람이 어디선가 새털을 날라 와
신묘한 구름바다를 만들었다
동쪽에서 솟아올라온 태양이
바위산의 손을 잡고 올려주다가
신발이 벗겨져 비래석이 되었다

사십 척 비래석이 내 모자를 써보며
내 어깨에 손을 얹어주니
나도 황산이 되었다

시작노트

북경분지에서 보낸 한 해

어느 날 아침에 걸려온 전화 받아보니 딸아이가 북경에서 1년만 같이 지내잔다. 한편으로는 기대되지만 벌려놓은 일들을 어떻게 정리하고 가야하나 생각하니 앞이 캄캄하여 종일 멍한 기분이었다.

2014년 8월 11일 북경 제3공항에 도착했다. 밖으로 나가보니 바람조차 불지 않는 북경분지, 마스크를 쓰고 굳은 표정을 지은 사람들 모두가 종종걸음이다. 부산에 두고 온 푸른 하늘과 찬란한 태양이 그리워졌다. 낯설고 물 설은 타국에서 말 한마디 통하지 않으니 딸아이가 옆에 없으면 한 걸음도 떼어놓지 못할 갓난아기가 신세가 되었다.

한 달 동안 익힌 말과 글로 지하철 타고 천안문 광장에 가보리라 마음먹었지만 거미줄 노선도를 보는 순간 어깨쳐져 발걸음을 되돌리기를 여러번 그러나 눈빛만은 어둠을 뚫는 허클베리여서 용기를 내어 지하철을 타고 미로를 따라 하루 종일 엉뚱한 곳을 헤메였지만 천안문 광장에 도착하여 나도 할 수 있구나 를 마음속으로 외쳤다.

북경의 생활이 드디어 재미있는 나날이 되어 시내버스 타고 동신디엔에 가서 그들이 먹는 만토우를 씹으며 이웃임을 깨달아 나갔다. 중국 문화에 흠뻑 빠져 더 살고 싶었지만 기한이 되어 돌아와 보니 지금은 오히려 그곳이 그립다.

정순용/ 인하공과대학 졸업. 국립경상대학 공학박사. 부산정보대학 교수 역임.
csy7119@naver.com

정정순

그리움 외 4 편

하얗고 긴 수염을 지닌 증조부님은
문중의 등대
흰 두루막을 즐겨입고
전국을 다니시면서
가슴으로 만나 문을 열게 하신 분
끝내 회동동에 제실을 지으셨다
늘 새롭게 이끌어주신 어르신
속내를 맞추며
활짝 핀 꿈을 날아오르게
씨앗을 가슴에 심어주셨다
구름 밖에서 박수쳐주신
댓돌위에 신발이 그립다

소나무

경찰청 뒤뜰에 말없이 서 있네
나보다 나이가 많을까
눈뜨는 아침 늘 만난다

함께 우뚝 서 있어 달라고
오랫동안 포옹하고
별과 손잡고 춤추자고

내 마음에 달을 심어주고
함께 구름타고 여행도 가지

네게 꼭 말해줄 게 있어
내 길의 고비마다
한 뼘씩 하늘 가까이가서
별빛을 나누어 주라고

엄마손

붉게 물드는 아침
뒤뜰 감나무가지에 매달린 홍시
까치가 쪼고 있다

장독위에 물 한사발 떠 놓고
마음속 뜻을 합장하는 손
낡은 옷에
은비녀 꽂은 엄마손 등에 앉고 싶다
식솔을 위한 맛깔스런 홍시손
손등엔 고춧가루를 싣고
가슴 속 내주시던
간절한 눈빛
온기나는 굽은 등이 그립다

입이 없는 낙엽

입이 없는 낙엽이다
나무 토막이었지
눈만 껌벅이면서
숨을 크게 들이쉬며

부서지지 않는 몸
마음의 풍경을 맞추며
가슴뛰는 길을 왔네

훗날 병들지 않는 몸과
지치지 않는 정신으로
함께 손잡은 포옹으로
나를 찾아 떠나는
낙엽 이야기들
울지마

무의식 들여다보기

빙산 속에 거울을 비춘다
가고 싶은 그곳

화가 밀물져 올 때
그리고 나침반이 흔들릴 때

아 아 아 빙산 속에
그분이 오셨군요

밉고 짜증나고 불편하지만
춤추는 나비도 함께 간다

시작노트

주눅 들지 마

70여년 동안 나란 존재가 무엇인지도 모른채 바쁜 하루하루를 흘러보내 여기까지 왔다. 우연히 시를 접하게 되어 책상 앞에 앉게 되었다.

참 힘들게 살아왔구나
내 등에 있는 있는 짐의 무게가 내 삶의 무게가 되어 가슴 한구석 무거움에 얼마나 허덕여 왔던가
습작노트를 마주하면 수많은 추억으로, 과거의 나로 되돌아가 있었고, 현재의 나를 느끼게 된다.
힘들었구나, 외로웠구나, 불안하구나, 그리웠구나
나를 어루만지고 다독인다.
다시 해보는 거야, 후회를 남기지 않기 위해, 못한다고 주눅 들지마.

정정순/ 기장군 철마면 이곡리.
jjsoon2004@hanmail.net

조정이

갈맷길 외 4 편

해벽길을 간다
파랑주의보를 무시하고 나간 낚시꾼은
촛대바위에 서서 푸른 생선을 건져내고 있다
짭조롬한 이기대 돌아가는 길이
수평선 밖 갯내를 끌어 와 날개를 편다
해풍으로 군데군데 쓰러진 해송들이
절벽에 기대어 매운 생체기를 머금고 있다
회색 시간을 걸어 온 내 발자국은
해안가를 밀려나와 숨죽인 나불이 되었다
삭정이를 안고 얼굴 가린 해무 속으로
빛살이 밀고 들어 온다
짠내를 끌어 올리는 기억 한 줄
끼룩끼룩 흰소리를 뿌리던 때를 생각한다
벼랑은 지나고 나면 또 다가선다
나는 얼마나 더 이 길을 맨발로 걸어야 할까
이미 간간해진 발목이 소금꽃을 피운다
앞이 보이지 않던 내 목적지가
야윈 해거름 햇살을 비집고
무딘 촉수를 내밀고 있다

연못 거울

진례 과수원 둔덕에
잔돌로 둘러쳐진 연못
고요 속을 들여다 본다
연한 잎을 편 물옥잠이
수면 위로 그늘을 담아내고 있다

들여다 볼수록 물컹해지는 내 눈은
빛살을 받아 반질거리는
물옥잠 잎맥을 따라 나선다
종아리 살이 탱탱해 진다

내게도 흰꽃대를 세워
머리칼 나폴 대던 적 있었던가
물속의 꽃잎을 떠올려 본다
물 그늘에 어룽대는
꽃 한 송이 웃고 있다

빨래

삼베 홑이불을 빨아서
햇살 아래 활짝 핀 꽃으로 걸쳤다
부채살로 퍼진 물레가 돌고 있다
잠짓 안에서
헝클어지고 구겨져 버린 가닥이
씨줄과 날줄로 제 자리를 잡아 간다
외가닥에 매어 있어도
차진 바람과 섞이어
널 뛰며 웃는 걸 보면
양팔을 벌리고
그대 등에 걸려서라도
당돌하게 나부끼고 싶다

산다화

꽃을 피운 채
불일암 대숲에 들어
동안거 중이다
저녁 예불 범종소리가
붉은 통증을 열고 쇄골을 파고들면
말그레한 속엣물이 끓어 오른다
눈바람이 읽어내는
댓닢 경전에 때 묻은 귀를 닦아내고
불길보다 차가운 건
얼어붙는 침묵이라고
발등에 앉은 눈이
펄치는 종이 법문을 듣는다
이월 한 달
얼음기둥으로 서 있어야겠다

바랭이풀

꽃잎을 떨군 작약밭을 메고 있다
흙을 덮은 바랭이가 작약을 숨겼다
힘을 돋우어 정강이를 서로 밀치며
푸른 눈빛으로 달려 간다
여럿이 어깨를 걸고
작약을 밀어 낸다
숨소리가 거칠다
마른 내 눈짓으로는
정열적인 떼거리를 감당하기엔
닿을 수 없는 피안이어서
내년 봄엔 작약꽃을 포기해야 하나
바랭이 앞에 몸 낮추어
흙을 뒤집고 있다

시작노트

철부지로 사는 생활

바랭이풀이 목울대를 세우는 곳에 철부지로 사는 생활을 선택했다.

매화 벙글고 작약이 환해지면 새소리에 귀를 맡기고 지천으로 핀 소국무대에 눈 마저 걸쳐놓고 겨우 생각을 챙기곤 한다.

늦가을까지 곁을 지켜 주는, 백일홍 둘러쳐진 언덕에서 땅속에 묻힌 금맥보다 더 찾기 힘 든 시어(시어)를 캐내려고 잠을 쫓는다.

조정이/ 경남 사천 출생. 진주농림전문대학 졸업. chojungi@daum.net

차달숙

일터 외 4편

정년으로 잃은 직장이 아니고
구조조정에 밀려난 김씨,
농담 삼아 총각이라 해도
어디서나 믿어 줄 나이다

무능한 남편으로 찍혀질까봐
초등학생 남매 배웅 받으며 서두른 출근인데
앉은 곳이라야 이웃동네 공원 벤치
벼랑 끝으로 몸을 던진다

하릴없는 일이 무슨 원한 같아
침을 뱉고, 피우다 던져버린 꽁초
다시 주워 불을 붙이면
청소부 빗자루가 머쓱해 하며 돌아선다

공원에서 하루를 뭉개는 일이라고
함부로 가벼이 보지마라
아무나 할 수 있는 일이 아니어서
세상에 제일 힘든 일이다.

그늘의 힘

평생을 여름철이면
무논에서 보내었던 아베처럼
연못으로 들어간 능수버들
열 개의 발톱에 흙물 들어도 안나오더니
기어이 중동이가 꺾이었다.

수심愁心의 못물에 그림자를 심어놓고
새와 구름과 일월성신까지
노래했던 지난 세월이 그리워
애써 머리를 들어보지만
그늘이 붙잡고 늘어진다.

그마저 어느 날
그늘이 한 그루의 능수버들을 끌고
물속으로 사라졌다.

참새들

전깃줄에 참새들 일 열로 앉았다
좋아하는 놈들끼리 어깨 비비며 앉았다
저 작은 새들에게도 벌써 사랑이 싹트나
수놈인 듯 몸집 홀쭉한 놈이 암놈인 듯 통통한 놈을 자꾸만 옆으로 옆으로 밀어내고 있다
통통한 놈이 이러지 말라고 간지럽다고 자지러지게 짹짹거리고
홀쭉한 놈은 우리 연애 한번 하자고 귀여워서 죽겠다고 짹짹거리고
수놈이 암놈의 오른 쪽이거나 왼 쪽에 일률적으로 앉지는 않아
이 쌍이 저 쌍에게, 저들의 사랑을 자랑하는데
틈새 벌어져 텅 빈 자리에 앉은 짝 없는 놈
이쪽저쪽 두리번거리는데
벌써 종착역에 들어서는 전동차

가을전어

횟집 수족관에
집나간 며느리도 돌아온다는 가을전어
은빛 비늘 반짝이며 활발하게 헤엄친다

작은 몸들이 솟구쳤다간 내려앉고,
머리가 가려운가 벽에 들이박는 놈
몸이 가려운 놈들은 서로 부비는데
그럴 때마다 자잘한 은빛 비늘들
비듬처럼 떨어져 부유한다

생각이 깊을 것이다
절망이 될 것이다
죽음을 목전에 두고 어찌 불안하지 않으랴
탈출을 꿈꾸는가
저 쉴 새 없는 몸부림들

가던 길 멈추고 가만히 바라보니
내 생각들이 앞섰던가
먹고 살기 위한 몸부림이 아닌가!

제 몸의 비늘들을 털어내야만
먹을거리가 만들어지는 전어들,

제 몸의 비늘 먹는 전어의 맛을 아는가

가을전어라야 전어의 맛을 낸다

강江

더 멀리 나아가지 못해 안달하는 자들아
해빙의 강가에 와서 보아라
기쁨도 슬픔도 모두 속으로 다스리며 흘러가는 강을 본다면
그대만 애증에 못 이겨 돌아누웠던 밤이 있었다고 말하지 못 하리

돌아서듯 나아가는 몸짓을 보아라
앞서려고 방해하지 않으며
뒤따르는 동료를 뿌리치지 않느니,
앞선 물이 뒤따르는 물을 끌고 있지 않느냐
뒤따르는 물이 앞선 물을 밀고 있지 않느냐

길이 고달프거나 괴로운 날에는 강을 보아라
강이라도 넉넉하게 을숙도를 품고 가는 낙동강을 보아라

거꾸로 흐르는 강이 없듯이
거꾸로 가는 물은 없느니

시작노트

일상의 정서가 서술되는 쉬운 시

시인은 시로 말한다.

그러나 시는 나를 절망의 늪에서 끌어 올려 주는 구원자였다.

6년 전 아내를 보내고… 반쪽을 잃고 산다는 게 버거울 때 시는 나의 희망이며 구원이었다. 창자 꼬이는 아픔 같은 아내 생각에 세상을 벗하며 죄악을 일삼을 때에도 시는 나의 혈관을 뜨겁게 흐르고 있었다. 그 시간 속으로 나의 시는 시작되었다. 어떤 때는 또렷한 환영으로 오기도 하는데, 그런 때는 쉽게 시가 씌어 진다. 그러나 보일 듯 말 듯 할 때의 고통은 표현하기 어렵다. 어느 쪽 시가 더 좋은지는 잘 모르겠다. 인간적인 그리움이 충만하고 일상의 정서가 서술되는 쉬운 시를 지향하면서 세상의 사물과 자연 속에서 어떻게 살고 사랑할 것인가에 대한 의미를 찾고 있다. 내 인생의 저녁에서 함께 한 내 반쪽 같은 시와의 여정, 그것은 둘이 아니라 하나라는 생각으로 나의 시는 계속 될 것이다.

차달숙/ 경남 창녕출생, 시인, 수필가, 시조시인. 새부산시인협회 상임부회장 겸 사무국장. dscha2428@hanmail.net

최선희

거미집에 갇히다 외 4 편

떡갈나무 발치께에서 시작된
개미행렬이
달개비꽃 숲으로 잦아든 신새벽
주인이 버리고 간 낡은 거미집에
갇힌 단풍나무 이파리 하나
몸에 남은 핏기가 아직 인 걸 보면
나무에게서 벗어난 지 채 하루가 안된 듯한데
불타는 정점의 순간이나
돌아가는 길 거미줄에 걸리나
머지않아
한 줌 먼지가 될 터
연초록 찬란했던 청춘과
귓불 간지럽던 햇살의 기억을
추억할 밖에

섬이 되다

사람들은 바다로 간다.
바다를 삼키기 위해 간다.
그리고는
눈물 같은 하늘을
슬그머니 놓고 온다.

버림받은 물결들은
거품을 물고 흐느낀다.
울다가 지쳐 비빌 곳이 없는 파도는
또 다른 슬픔을 낳아 지층을 이루고
마침내 섬이 된다.

물과 하늘이 뒤섞인 밤이면
어둠 속에서 하얗게
일어서는 바다
그 때마다
가슴에 돋을 새김한 한숨 자국
밤새도록 지워내는 섬

바다로 간 사람들이
섬이 되었다.

李화백의 악보

-갤러리 李 〈물-결〉展

철마면 와여리 558번지
상설전시장을 가득 채운
시커먼 일렁임
그믐밤 어둠 속에서 맞닥뜨린
검은 무늬를 듣는다.

출렁이는 화폭 위에서 변주되는
물빛교향곡은
별빛 내리는 음파를 타고
아다지오에서 알레그로까지
낯 선 건반 위를 자맥질하고
턱 밑까지 숨이 찬
붓 끝에서
불면이 날을 세울 때

가마우지 한 마리
벼랑 끝 적막을 깨고
낙하하면서
온쉼표를 떨어뜨리고 간다.

부처, 길 위에 앉다

센츄리시티 빌딩 담벼락에 기대
등뼈 세운 가부좌
간밤 게워낸 풍요 속에 앉아
지전 하나 없는 불전함 앞에 놓고
묵언참선 중이다.

온종일 햇살이 비껴가는 자리
쌓인 인연 잘라내고
삼매에 든 화두
가라앉는 어깨 위에서 위태롭다.

벼린 날로 단숨에 연비한 걸까
무릎 위에 놓인
손 없는 손목으로
도시의 피부를 쓰다듬는 시간

몸 둘 곳 없는 부처는
없는 손이 시리다.

시누이

평생 붓글만 써 온 영감을
고샅길 돌아나간 얕은 언덕
인물 좋은 노송 곁에 묻고
얄궂어라, 얄궂어라
죽고 싶은 생각이 얄궂어라
하는 수 없이 찾아간 읍내 한의사
진맥 끝에 큰 일 있었느냐 묻는데
오남매 출가시키고
영감 세상 버린 일이 큰일이라면
그게 젤로 큰일이라
처방은 멀리 두고
햇빛 속을 걸어 다니라며
첩약 하나 없이 돌아왔다.
까탈스런 술시중에 넌더리가 났었는데
영감 죽었다고 걸린 우울증이 하도 억울해서
고추 따면서 내가 미쳤지 내가 미쳤지
고구마 캐면서 내가 미쳤지 내가 미쳤지
마음고삐 다잡았다면서
삭정이 같은 무릎을 주무르며
언뜻 도라지꽃도 되었다가
절집 낡은 단청이 되었다가

시어머니 제삿날
억새 우는 밤을 달려 온
동생 내외에게
팔순을 바라보는 얼굴주름이 웃는데
누렁호박 삶을 때 나는 단내가 났다.

시작노트

감춰 두었던 꿈을 꺼내

선택의 여지없이 들어섰던 아이들 가르치는 일을 35년간 한 눈 팔지 않고 계속하다가 어느 순간 그만 둔 후 아무도 모르게 기억서랍 속에 깊숙이 감추어 두었던 꿈을 꺼내 보았다.

누렇게 빛은 바랬지만 먼지 속에 모습을 드러낸 그것은 내면을 흔들고 깨우고 다독이기까지 해서 가을비 내리는 아침 살 속으로 스며드는 녹차 한 모금처럼 요즈음의 일상을 행복하게 만든다.

이제 버거워도 놓지 않겠다.

젊은 날, 아파트 공터에서 이동도서대여점을 운영하던 봉고아저씨가 뜬금없이 생각난다. 새 소설이 나오면 제일 먼저 단골인 내게 빌려 주던 아저씨도 지금 생각해 보면 같은 꿈을 꾸지 않았을까 싶다.

그 아저씨 보고 싶다.

최선희/ 경남 의령 출생. 부산교육대학교를 졸업, 초등학교 교사 명퇴. 《문예시대》 신인상 등단(2013 봄호). 현재 한국가람문학회, 부산문인협회, 새부산시인협회 회원.

choisunjai@hanmail.net

원고모집

책펴냄열린시에서 발간하는 엔솔로지 〈그림나무 시〉는 부정기 간행물입니다. 금년에 창간호가 발행되어 시를 사랑하는 이들의 많은 참여가 있었습니다. 특히 그림나무 회원들이 주축이 된 이번 호에는 초대시인 여섯분과 그림나무 회원 28분이 참여하여 행복한 첫호가 되었습니다.

그림나무가 2015년 발행할 제 2 집 원고를 기다립니다.

등단과 상관없이 시를 사랑하는 분이면 누구나 참여하실 수 있습니다. 엔솔로지의 품격을 위해 일정 수준의 작품을 기다리고 있습니다.

1. 종류 : 시
2. 편수 : 5편 이상 (게재 작품 수 5편)
3. 마감일 : 2015. 9. 30
4. 보낼 곳 : ebond@hanmail.net 그림나무 편집실
5. 기타 : 게재여부 개별 통지.

2014. 11. 20

그림나무 편집위원회
책펴냄열린시